本书为中国农业科学院基本科研业务费专项（项目编号: Y2018ZK04）及
中国农业科学院农业信息研究所基本科研业务费专项（项目编号: 2019JKY007）成果

基于专利的世界主要国家与地区农业科技创新能力比较研究

郭溪川　王鹭飞　卢 垚　马 鑫　编著

中国农业科学技术出版社

图书在版编目（CIP）数据

基于专利的世界主要国家与地区农业科技创新能力比较研究 / 郭溪川等编著 . —北京：中国农业科学技术出版社，2021. 3

ISBN 978-7-5116-5225-6

Ⅰ. ①基… Ⅱ. ①郭… Ⅲ. ①农业技术-技术革新-研究-世界 Ⅳ. ①F313

中国版本图书馆 CIP 数据核字（2021）第 043571 号

责任编辑 史咏竹
责任校对 李向荣
责任印制 姜义伟 王思文

出 版 者 中国农业科学技术出版社
北京市中关村南大街 12 号 邮编：100081
电 话 (010)82105169(编辑室) (010)82109702(发行部)
(010)82109709(读者服务部)
传 真 (010)82106626
网 址 http://www.castp.cn
经 销 者 全国各地新华书店
印 刷 者 北京建宏印刷有限公司
开 本 710mm×1 000mm 1/16
印 张 8. 5
字 数 139 千字
版 次 2021 年 3 月第 1 版 2021 年 3 月第 1 次印刷
定 价 39. 00 元

目　　录

第一章 绪 论

一、数据采集与分析依据

科学研究与技术创新中所取得的各种形式成果通常都被视为科技活动的主要产出。科技论文和专利文献是这些成果中最主要的表现形式和信息载体。科技论文常被作为衡量科学研究（发现）的指标，从不同层面反映出各国在基础研究和应用研究等方面取得的科学进展，以及国内外学术界的交流合作情况。专利（特别是发明专利）常被视为测度技术创新产出的指标，反映了在技术、产品、设备和材料等方面的发明成果，是衡量国家、地区、产业或机构的创新程度与自主研发能力，以及预测科技和经济发展态势的重要依据。

本研究的目的在于通过对全球公开的专利信息进行采集、筛选和分析，了解世界主要国家和地区农业相关技术产出的特点与分布，以及现状与趋势。本研究以中国农业科学院创新工程学科领域分布为出发点，依据《中华人民共和国农业法》《中华人民共和国专利法》《中华人民共和国专利法实施细则》《专利审查指南》，以及多个国际专利合作条约与协定中涉及农业主题的解释与规定，参考GB/T 13745—2009《学科分类与代码》、GB/T 4754—2017《国民经济行业分类》和多种专利分类体系，限定在农业生产经营和科技研发过程中以专利形式固化的技术成果为本研究的范畴。

在专利信息采集、统计和分析过程中考虑到各国家/地区实用新型（或相似类型）专利的稳定性和技术含量较发明专利存在明显差距，而且不是所有国家/地区专利体系都对此类型专利提供保护，即使提供保护的各国对实用新型（或相似类型）专利的定义也各不相同。因此，为确保本研究专利信息质量和分析标准的统一，本书中所指专利族均为 DWPI 专利族，且仅包含 1 件实用新型申请构成的 DWPI 专利族已被排除，计数单位为“项”。

对于研究中构建的世界农业相关专利数据集，虽然采取了科学严谨的检索策略和规范适当的数据质量管控方法，但报告所涉及的专利数据总体数量巨大，并受到专利文献采集范围和途径的限制，加之研究人员水平有限，因此，不能 100%确保世界农业相关专利数据集中所提供的每一项专利集合、每一条专利信息均准确无误，所构建的专利数据集仅供相关领域人员参考。

此外，在对专利数据集进行加工、统计和分析的过程中，不同的数据处理标准、处理方法和处理工具等所得到的分析结果会存在一定差异。因此，依据本专利数据集进行分析时，采用不同的数据处理过程，最终得到的信息和结果可能与本研究中的部分结论存在差异。

二、总体流程

专利作为集法律、技术和经济特征于一体的复合型信息资源，囊括了全球 90%以上的最新技术情报。虽然专利文献和论文同属科学技术信息，但是专利在研发对象、目的、范围、撰写形式、权属人员构成、技术分类体系、法律权属、维持费用和有效期限等诸多方面都与论文有本质区别。尤其是专利作为法律文本，信息更为复杂并且包含大量特有法定标准化文献著录项目，例如，《中华人民共和国专利法》和《中华人民共和国专利法实施细则》明确规定发明专利申报主题只有产品、方法，以及对已有产品和方法进行的改进，不含有科学发现、疾病的诊断和治疗方法、动物和植物品种等；又如，存在各国专利审查受理机构和程序的多样性情况（各级专利管理机构的管辖范围既有全国性的也有地区性的），存在多种多样的专利保护方式（国家的或国际的），专利申请人申请行为不断变化，国家/地区间申请程序具有复杂性（优先权、分案申请、国际阶段等），专利文件的状态和权力日期不同[1]。

专利分析只有在熟悉国内外知识产权法律制度、国际合作条约和各种技术分类的前提下，借助先进的专利分析工具，相互配合运用各种专利分析方法，进行技术发展水平和潜力测度，才能实现系统化、专业化和定制化的专利信息增值服务。往往单纯借鉴基于衡量科学影响力的各种引文指标和分析流程是难以体现出专利分析的主题内容和过程实质，因此高质量的专利分析都需要针对特定用户和主题重新打造分析流程。

本研究包括前期准备、专利采集处理、结果分析解读和报告撰写 4 个阶段。质量管控贯穿整个研究流程，详见表 1-1。

表 1-1 基于农业相关专利的世界主要国家/地区农业科技创新能力比较研究总体流程

阶段	具体工作任务	质量管控措施
前期准备	制订工作计划； 开展学科领域、研究方向、法律规定和行业分类调研； 形成多种专利分类映射关系初稿	科技管理专家、各农业领域专家和情报分析专家共同评议
专利采集与降噪处理	依据 5 种专利分类确定映射关系表（IPC、CPC、FI/F-terms、德温特手工代码、德温特分类和相关主题词）； 选择数据库和分析工具； 提取检索要素和编制检索策略； 实施检索和数据核查降噪； 数据标引和加工	检索结果查全与查准评估分析； 特定空间、时间、技术和专利申请人小样本主题抽查分析
结果分析与解读	选择分析维度与方法； 确定分析指标与图表； 解读分析指标与图表	中期评审，梳理分析指标与研究目标
报告撰写	确定报告稿框架； 完成报告初稿； 与论文分析报告结合后修改完善； 报告定稿； 项目验收	结题评审

三、农业相关专利的范围与界定

随着工业技术成果与农业生产科研的结合越来越紧密，发明专利也日益普遍地诞生并应用于农业生产和经营的各个领域，并对技术创新和经济发展产生了广泛而深远的影响。区别于科学论文的著作权属，专利拥有的是知识产权中的工业产权。从各国现代专利制度诞生至今，经历了 500 余年的发展完善，这一过程从某种角度上也可视为一部工业技术分类发展和演变史。

目前，100 余个国家的专利局、4 个地区专利局和管理《专利合作条约》（PCT）的世界知识产权组织（WIPO）都采用《斯特拉斯堡协定》建立的国际专利分类（IPC），每年超过 200 万件专利文件上都要标明适当的 IPC 分类号。2016 年公布的国际专利分类（IPC）把技术分为 8 个部类，130 个大类，639 个子类，72 586个技术组（包括大组和小组）（详见 http：//www. wipo. int/ipc/itos4ipc/ITSupport_ and_ download_ area/20160101/stats/IPC_ statistics-20160101_V2. 0. doc 和 http：//www. wipo. int/treaties/en/classification/strasbourg/ summary_strasbourg. html）。

世界知识产权组织（WIPO）和欧洲专利局（EPO）依照 IPC 分类将现有技术分成了 35 个领域，其中数字通信、计算机技术、电子机械、交通运输、测量、精细化学、生物技术等 33 个技术领域都会或多或少的渗透显现在与农业相关的专利中（详见 http：//www. epo. org/about-us/annual-reports-statistics/annual-report/2015. html 和 http：//www. wipo. int/edocs/pubdocs/en/wipo _ pub _ 941 _ 2015. pdf）。虽然在 IPC 分类中也开辟了以 A01 大类（农业，林业，畜牧业，狩猎，诱捕，捕鱼）为主的涉及农业发明主题的技术分类，但是并不能涵盖所有农业发明主题。特别是农业活动作为最基本的人类生产生活活动，其相关发明往往依靠和涉及多领域技术实现，例如，IPC 化学部中多有涉及淀粉、植物纤维、农药、兽药、人类食品和添加物、改善饮食营养特性的物质、化肥制品和动植物生物制品等产品发明，合成、聚合、提取、培养、染色和突变或遗传工程等方法发明；物理部中的测量、光谱等在特定食品成分和农药残留测定技术中也都是主要应用方法。又如，IPC 分类表中不存在畜拉车照明用的发电机的应用分类位置，则适用于畜拉车照明用的发电机只按功能分类，分入 H02K7/116 电学部；一般喷射或雾化技术属按功能分类归入 B05 作业运输部，而专用的喷雾技术则是按应用分类，如除草喷雾技术则要归入 A01M21/00。实例中技术分类都会在农业相关发明中体现，而且不胜枚举[2,3]。

以便于检索现有技术为目的，按整体、应用和功能原则设立的 IPC 分类本身对于准确限定农业相关专利的范围存在一定的局限性。特别是现代农业技术创新往往是融合多项新技术和新产品的结果，因此单纯依靠 IPC 分类体系，只是从采用的方法、产品、设备或材料按功能（发明的基本作用）与应用（发明的用途）进行限定，很难相对全面的勾勒出农业相关专利的范围。

本研究通过提炼农业学科研究方向与分类、经济领域农业行业分类，从 5 种不同的专利分类体系中筛选出上千项不同层次的专利分类号，建立农业相关专利与大农业（除林业）领域映射关系，为开展全球农业相关专利的采集分析提供界定依据。

四、本研究中的术语解释和数据说明

同族专利：同一项发明创造的主题在不同国家/地区多次申请或公开时，在法定期限内申请人有权要求相同的一项或相关的多项在先申请为优先申请，这些基于一项或多项优先申请而在多个国家/地区先后提交的一组彼此关联的专利（或申请）被称为同族专利。本研究中专利数据来自 TI 平台下的 DWPI 数据库，选用了 DWPI 专利族，且仅包含 1 件实用新型申请构成的 DWPI 专利族已被排除，计数单位为“项”。

专利申请：本研究中专利申请数量由 TI 平台下 DWPI 数据库获取，既包括已公开，但尚未获授权的专利申请，也包括已获授权的专利申请。既包括直接国家申请、直接地区申请，也包括 PCT 国际阶段申请、PCT 国家阶段申请等，为表述方便，按上述同族专利合并后统一表述为“专利申请”。

国际专利分类（IPC）：专利技术数据采集和统计选用 2016 年公布的最新版国际专利分类（IPC），该版把专利技术分为 8 个部类，130 个大类，639 个子类，72 586个技术组（包括大组和小组）（图 1-1）。

PCT 途径国际申请：通过《专利合作条约》程序提交的国际申请在国际阶段中首先由指定的专利局来处理。约在首次提交的 30 个月之后，申请进入国家阶段，依照其寻求保护的指定专利局的法规被作为国家或者地区申请来处理。

同族专利成员国家/地区数量：某项农业相关专利进行国际申请过程中，进入各国家/地区的国家阶段后，所涉及的国家/地区数量。

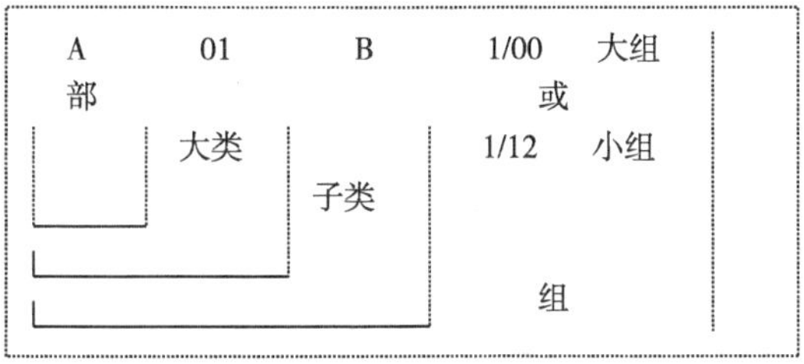

图 1-1 国际专利技术分类示意

同族专利成员总数量：某项农业相关专利进行国际申请过程中，进入各国家/地区的国家阶段后，向各国家/地区专利审查机构提交专利申请的总数量，计数单位为“件”。

同族专利平均规模：平均每项农业相关专利进行国际申请过程中，进入各国家/地区的国家阶段后，包含的申请数量，计数单位为“件”。

申请人：作为与发明创造相关的权利主体，世界各国的专利法一致规定，自然人和法人均有申请并取得专利的权利。针对本研究中的申请人特征，将世界农业相关专利申请人分为个人、大学院校、国立机构和公司企业 4 种类型（中国农业科学院属于国立机构，专利申请量由院属研究所申请量合并统计）。

优先权年：同族专利的关联来自优先权号码和优先权日期。优先权日期指为保护一项发明在世界任何地方首次提交专利申请的日期，可被认为与发明日期最为接近的时间。从技术或经济的视角来看最有意义的统计指标也是优先权日期。因此，为反映创新能力，报告内使用 DWPI 最早优先权年（2004—2013 年）来编制专利分析数据。

年均增长率：年增长率（%）=［（末年数据/ n 年）$^{1/(n-1)}$ −1］×100

首末年增长率：首末年增长率（%）=［（末年数据−首年数据）/首年数据］×100

专利引证频次：本研究内选用 DPCI 施引记录数量进行统计，即一项专利的所有 DWPI 家族成员总共被引用的次数，用家族级别的引用指标更能体现出某项发明创造主题（产品、技术、设备和材料等）综合被引用的情况。

Top10 创新国家/地区：以优先权为基础的同族专利统计中，当专利保护延伸到其他国家/地区前首次提出申请的国家/地区为优先权国家/地区，通常可在一定程度上视优先权国家/地区为某一发明主题的技术来源国家/地区，进而反映出各国家/地区原创技术产出的能力和活跃程度。本研究通过优先权国家/地区申请量确定 Top10 创新国家/地区。

域外申请：本研究中，只要某 DWPI 同族专利中有一件专利为向非本国专利局提交的申请，该项专利即被认为有域外申请活动，归入域外申请统计项。

四分之三方专利：为了保护同一项农业相关发明，本研究中，每项农业相关专利至少同时拥有向中国知识产权局（SIPO）、美国专利与商标局（USPTO）、欧洲专利局（EPO）和日本专利局（JPO）中的任意 3 个局的申请，归入四分之三方专利统计项。

技术领域相似度：将 Top10 创新国家/地区的 IPC 小组种类按取余弦函数运算（相似度越高，数值越接近 1），得出国家/地区间技术领域相似度数据，相似度越高说明两国之间的农业技术研发细分领域越相近。

关联技术：在发明专利审查过程中，审查员会依据专利说明书和权利要求书的描述，将最能充分代表发明信息的 IPC 技术分类号排在第一位，其他相关联的 IPC 技术分类排在后面，因此一项专利申请通常会分配多个类别的一组 IPC 分类号用于准确描绘发明的功能和用途。报告内提取 IPC 子类作为关联技术统计项。

五、本研究中出现的 IPC 子类及其含义

本研究中出现的 IPC 子类及其含义详见表 1-2。

表 1-2 本研究中出现的 IPC 子类及其含义

项目	序号	IPC 子类	IPC 含义
世界农业相关专利申请量前 25 位的 IPC 子类	1	C12N	微生物或酶，及其组合物；繁殖、保藏或维持微生物；变异或遗传工程；培养基
	2	C12Q	包含酶或微生物的测定或检验方法，及其所用的组合物或试纸；在微生物学方法或酶学方法中的条件反应控制
	3	A23L	不包含在 A21D 或 A23B 至 A23J 小类中的食品、食料或非酒精饮料，及其制备或处理；食品或食料的一般保存
	4	A01N	杀生剂（如消毒剂、农药、除草剂）；害虫驱避剂或引诱剂；植物生长调节剂

（续表）

项目	序号	IPC 子类	IPC 含义
世界农业相关专利申请量前 25 位的 IPC 子类	5	A01K	畜牧业；禽类、鱼类、昆虫的管理；捕鱼；饲养或养殖其他类不包含的动物；动物的新品种
	6	A01G	园艺；蔬菜、花卉、稻、果树、葡萄、啤酒花或海菜的栽培；林业；浇水
	7	G01N	借助于测定材料的化学或物理性质来测试或分析材料
	8	C07K	肽
	9	A01P	化学化合物或制剂的杀生、害虫驱避、害虫引诱或植物生长调节活性
	10	C12P	发酵或使用酶的方法合成目标化合物或组合物，或从外消旋混合物中分离旋光异构体
	11	A23K	饲料
	12	A01H	新植物或获得新植物的方法；通过组织培养技术的植物再生
	13	C07H	糖类，及其衍生物；核苷；核苷酸；核酸
	14	A01D	收获；割草
	15	A01C	种植；播种；施肥
	16	C12R	与涉及微生物之从 C12C 到 C12Q 中或 C12S 小类相关的引得表
	17	A21D	焙烤用面粉或面团的处理（如通过添加材料处理）；焙烤；焙烤产品，及其保存
	18	A01M	动物的捕捉、诱捕或惊吓
	19	C05G	由一种或多种肥料与无特殊肥效的物质（如农药、土壤调理剂、润湿剂所组成的混合物），以形状为特征的肥料
	20	A23C	乳制品（如奶、黄油、干酪）；奶或干酪的代用品，及其制备
	21	C12M	酶学或微生物学装置
	22	C07D	杂环化合物
	23	A01B	农业或林业的整地；一般农业机械或农具的部件、零件或附件
	24	B02C	一般破碎、研磨或粉碎；碾磨谷物
	25	C05F	不包含在 C05B、C05C 小类中的有机肥料（如用废物或垃圾制成的肥料）
进入中国农业科学院申请量排名前 25 位，未进入世界农业相关专利申请量前 25 的 IPC 子类	26	A61K	医用、牙科用或梳妆用的配制品
	27	A61P	化合物或药物制剂的特定治疗活性
	28	A23F	咖啡；茶；其代用品；它们的制造、配制或泡制
	29	C07C	无环或碳环化合物
	30	B09C	污染的土壤的再生

（续表）

项目	序号	IPC 子类	IPC 含义
进入中国农业科学院申请量排名前25位，未进入世界农业相关专利申请量前25的IPC子类	31	A23B	保存，如用罐头贮存肉、鱼、蛋、水果、蔬菜、食用种子；水果或蔬菜的化学催熟；保存、催熟或罐装产品
	32	B02C	一般破碎、研磨或粉碎；碾磨谷物
	33	C09K	染料；涂料；抛光剂；天然树脂；黏合剂；其他类目不包含的组合物；其他类目不包含的材料的应用
在关联技术统计中出现，未进入世界农业相关专利申请量前25位的IPC子类	26	A61K	医用、牙科用或梳妆用的配制品
	27	A61P	化合物或药物制剂的特定治疗活性
	34	A01F	脱粒；禾秆、干草或类似物的打捆；将禾秆或干草形成捆或打捆的固定装置或手动工具；干草、禾秆或类似物的切碎；农业或园艺产品的储藏
	35	A23G	可可；可可制品，如巧克力；可可或可可制品的代用品；糖类食品；口香糖；冰激凌；其制备
	36	A23P	未被其他单一小类所完全包含的食料成型或加工
	37	C05D	不包含在C05B、C05C小类中的无机肥料；产生二氧化碳的肥料

IPC分类号和含义参考网址：http://epub.sipo.gov.cn/ipc.jsp

注：本研究中术语定义、数据说明和统计分析结果最终解释权归中国农业科学院农业信息研究所文献资源发展部世界主要国家/地区农业科技产出对比研究课题组。

第二章　数据准备与分析平台

一、数据来源

本研究数据采集阶段选用的是 Thomson Innovation 知识产权分析平台下的 Derwent World Patents Index（DWPI）和 Derwent Patents Citations Index（DPCI）增值专利信息数据库。

DWPI 数据库由经过系统培训的各领域专家团队对全球专利进行评估、分类、编码和编写摘要，是世界上最全面的商业专利信息数据库，也是全球主要国家和地区专利局专利审查业务中必备的数据库。截至 2015 年 5 月，此数据库的索引包含了世界各地超过 50 个专利授予机构和 2 个期刊来源提供的增值专利信息，涵盖了 6 420万个专利记录和 2 999万个 DWPI 同族专利。

DPCI 是经过专家团队编辑的专利引用数据库，包含了超过 22 家不同国际专利授予机构提供的超过 1 280万个同族专利（发明）的专利引用信息，并与 DWPI 共享数据编辑流程，通过使用相同的入藏号进行关联，可以实现 DWPI 和 DPCI 之间数据同步更新，以及更加快捷简单的交叉检索。

二、数据采集年限

当一项发明创造的主题在不同国家/地区多次申请或公开时，在法定期限内申请人有权要求相同的一项或相关的多项在先申请为优先申请，这些基于一项或多项优先申请而在多个国家/地区先后提交的一组彼此关联的专利（或申请）被称为同族专利。同族专利的关联来自优先权号码和优先权日期。

优先权日期指为保护一项发明在世界任何地方首次提交专利申请的日期，可被认为与发明日期最为接近的时间。从技术或经济的视角来看最有意义的统计指标也是优先权日期，因此，为反映创新能力本研究使用最早优先权日来编制专利分析数据[4,5]。

发明申请自优先权日（申请日）起满 18 个月即行公开，因此在进行专利分析时能获取的专利信息与实际发明申请时间存在至少 18 个月的时滞（其实际公布的滞后程度取决于审查周期的长短），而 PCT 申请可能自申请日起 30 个月甚至更长时间才进入国家/地区阶段，其对应国家/地区公布时间会更晚，考虑到数据的可读性和完整性，本研究数据采集年限定为 2004—2013 年（DWPI 最早优先权年）。

三、检索流程与策略

本研究检索流程如图 2-1 所示，通过文献调研和多方评议，形成了最初的多种专利分类映射关系初稿，同时借助 Questel Orbit 和 CPRS 两个专利数据库进行分类号辅助检索验证，然后在 Thomson Innovation 知识产权分析平台反复检索比对，得出检索结果。再针对检索结果进行数据抽样核查、不断地调整多种专利分类映射关系表及完善降噪关键词集合，得到最终优化后的检索策略“｛［（25 个 IPC 全部小类与 401 项 IPC 小组合集）OR（25 个 CPC 全部小类与 369 项 CPC 小组合集）OR（799 组 F-Term 分类合集）OR（5 大项德温特分类合集）OR（169 组德温手工代码合集）］NOT（310 组林业关键词）｝NOT（专利族成员数=1 的各国实用新型专利合集）”，执行最终的检索策略后得到原始数据集。

四、数据质量管控方法

本项研究中的专利数据均是从 DWPI 数据库中按照规范的检索、去噪流程进行采集，通过以下方法对数据质量进行了管控与优化。

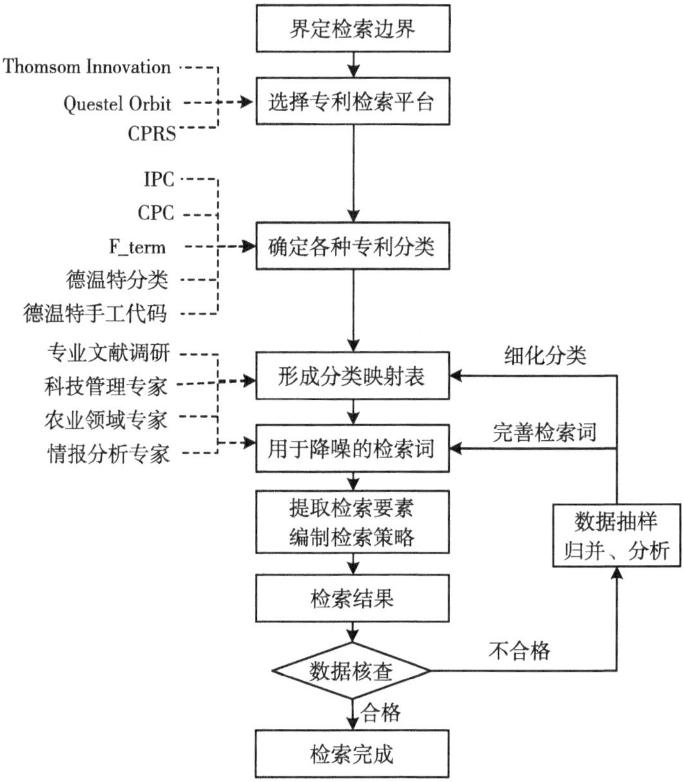

图 2-1　检索流程

采取了样本集验证方式进行了查全率验证，具体为：单独构建一个数量规模适中（1 000~2 000条数据）、由有效专利文献构成（即不含噪声文献）的查全验证样本集，将该查全验证样本集与待验证的专利数据集合取交集，将该交集与查全验证样本集做比，即得到查全率。

专利数据集合均经过了查准率验证，基本剔除了不属于所分析的行业或技术领域的噪声文献；查准率的验证采取了抽样集验证方式，具体为：从待验证的专利数据集合中按照一定规则抽取一个数量规模适中的抽样集（1 000~2 000条数据），对该抽样集通过人工干预清理掉噪声文献后得到抽样有效文献集，将抽样有效文献集与抽样集做比，即得到查准率。

由于此次检索所得数据规模巨大，主要采取了抽样批量检索结合人工随机单篇阅读的方式挑选去噪关键词和优化分类映射关系表。

五、数据分析环境

Thomson Data Analyzer（TDA）是基于 Vantage Point 技术，由 Search Technology Inc. 开发的一款强大的知识产权情报信息“离线”分析工具，软件本身并不包含任何数据，也不能联网检索任何网络数据库。TDA 作为本项研究的中心枢纽，要将 Thomson Innovation 检索获取的原始数据集文件导入和过滤后，创建成同族专利级别与公开级别的两个本地数据集合文件，再经过各种组合分析运算进行技术研发趋势、相互关系以及相关技术分布等分析。

由于本项研究检索和分析的数据规模巨大，精简后的原始数据集文件大小约 2.63GB，包含 505 715项专利族记录，每条记录由几十项字段数据组成，导入 TDA 后生成的两个工作数据集共有 28GB。虽然 TDA 分析系统设计原则是支持无上限数据处理量，但是 32 位版本的 TDA 最高只能匹配 8GB 物理内存，处理 2 万条数据，而且 6.0 版本后的 TDA 已不再支持服务器构架。为确保数据结构和分析工具的兼容性，针对本项研究工作实际情况，搭建了能够支持大规模数据运算的特定分析环境，具体软硬件环境配置详见表 2-1。

表 2-1 数据分析环境

环境类型	环境配置
硬件环境	HPZ800 工作站，双 Xeon 2.40GHz CPU，192GB DDR3 内存，1TB SSD 固态硬盘
系统环境	64 位 Windows7 旗舰版，NTFS 文件系统，JavaVersion 8，Chrome Version 47
工具环境	64 位 Thomson Data Analyzer 6.5 版，64 位 Microsoft Excel 与 Access 2010

第三章　世界农业相关专利总体分析

本研究系统采集了2004年1月1日至2013年12月31日全球公开的与农业相关的505 715项DWPI专利族数据（截至2016年8月2日，有49 619项专利申请中至少包含1件授权专利），涵盖了92个国家和地区专利受理机构公开的申请记录，并以此专利数据集为基础进行各项统计分析。

一、全球农业相关专利总体申请趋势

如图3-1所示，全球农业相关专利申请量自2004年起，以年均增长率10%的速度持续平稳攀升，虽然在2008年前后受全球金融危机影响，年增速有所放缓，并出现了小幅的震荡，但从2012年开始，年增速又基本恢复到金融危机前的水平，当年申请量接近2004年的2倍，达到65 222项，特别是2013年更是以78 833项和21%的年增长率创下10年最高。通过以上趋势分析看出，2004—

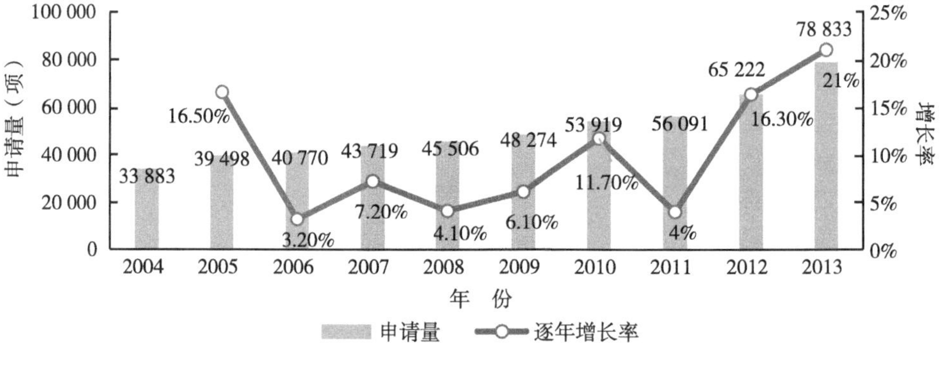

图3-1　2004—2013年全球农业相关专利申请量及变化情况

2013 年世界农业相关专利申请活动相当活跃，一直保持强盛的增长势头。

二、各国农业相关专利产出情况

以优先权为基础的同族专利统计中，当专利保护延伸到其他国家/地区前首次提出申请的国家/地区为优先权国家/地区，通常可在一定程度上视优先权国家/地区为某一发明主题的技术来源国，进而反映出各国原创技术产出的情况[1]。如图 3-2 和图 3-3 所示，通过对世界农业相关专利优先权国家/地区进行统计分析，发现排名前 10 位的优先权国家/地区申请总量占 2004—2013 年全球农业相关专利的 91.92%。以中国大陆作为优先权国家/地区的专利申请量达到 171 476 项，占 2004—2013 年全球份额的 33.91%，排名第一，是排名紧跟其后的美国的 1.5 倍，日本的 2 倍，美国和日本以 22.26%和 15.86%的全球占比排名第二、第三，表明全球农业相关专利产出高度集中在少数国家/地区。仅从优先权国家/地区申请量全球占比情况来看，一定程度上反映出 2004—2013 年全球农业技术创

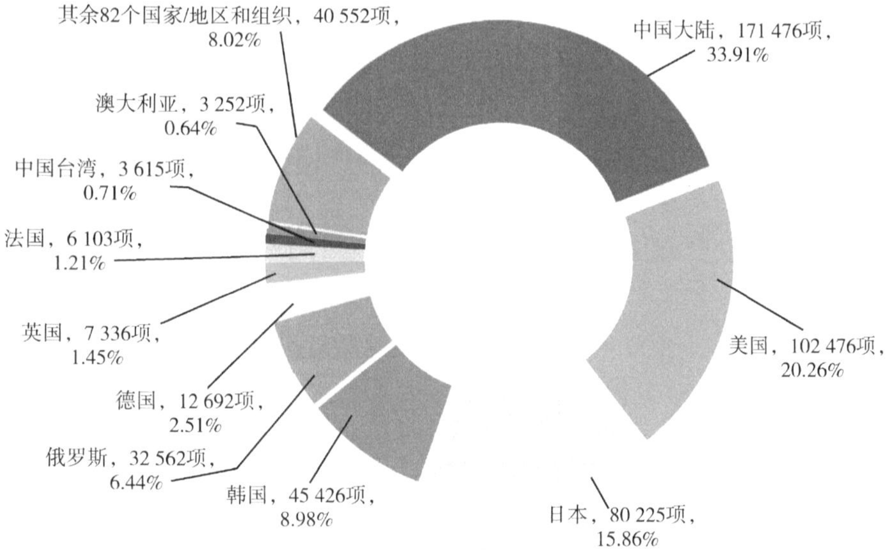

图 3-2　2004—2013 年全球农业相关专利优先权国家/地区和申请量

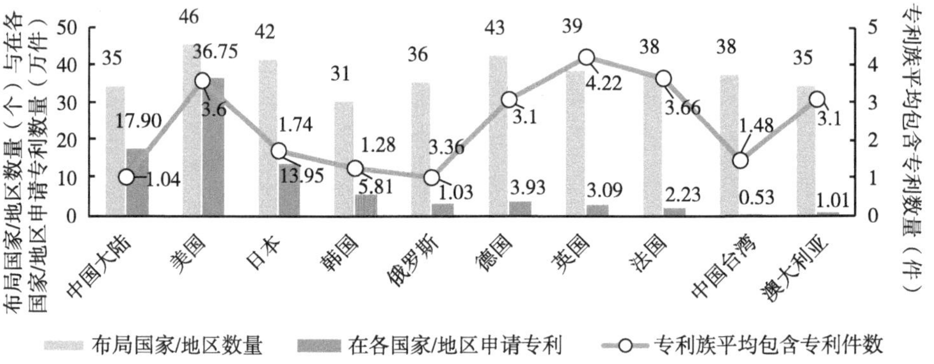

图 3-3　2004—2013 年排名前 10 位的优先权国家/地区农业相关专利家族情况

新数量由少部分国家/地区带动，特别是中国、美国、日本在农业相关技术领域的创新投入和产出遥遥领先于其他国家和地区。

但是，从同族专利成员国数量，即进入各国家/地区阶段后所涉及的国家/地区数量统计来看，美国、德国和日本全部农业相关专利分别向 46 个、43 个和 42 个国家/地区提交了国际专利申请，其他排名前 10 位的优先权国家/地区均向 30 多个国家/地区提交了国家/地区阶段的国际专利申请，中国大陆向 35 个国家/地区提交过国家/地区阶段的国际专利申请，排名第九，与美国、德国和日本存在一定差距。从同族专利成员总数量，即进入各国家/地区阶段后向各国家/地区专利审查机构提交专利申请的总数量来看，美国以 36. 75 万件遥遥领先于排名前 10 位的其他国家/地区，数量是排名第二的中国大陆的 2 倍以上。同族专利平均规模，即平均每项农业相关专利进行国际申请过程中，进入国家/地区阶段后包含的申请数量，英国以 4. 22 件排名第一，紧跟其后的是法国、美国和德国，分别为 3. 66 件、3. 60 件和 3. 10 件，其他排名前 10 位的国家/地区都在 2 件以下，中国大陆仅以平均 1. 04 件位列第九。从以上 3 种统计方式来看，美国、德国和日本作为农业相关专利研发来源国，技术输出的国家/地区分布更广；结合在全球各国家/地区布局数量统计，美国的专利申请总件数遥遥领先于世界其他国家/地区；针对单项专利技术主题进行的国家/地区布局分析来看，英国、法国、美国和德国的水平要远远高于其他国家/地区。

三、全球农业相关专利申请人情况

通过 TDA 对 2004—2013 年全球 505 715项农业相关专利中申请人的清理合并，得到总共 246 109个专利申请人，如图 3-4 所示，每年参与专利申请的申请人数量基本为 3.6 万~3.8 万人，并以年均增长率 3%的速度增长，2012 年申请人数量高达 41 336人。虽然在 2008 年前后受全球金融危机影响，年增长率出现过负增长，但是当年参与专利申请的申请人数量依然高于统计起始年 2004 年。由此可见，2004—2013 年全球期望持有农业相关专利的实体机构和个人总体保持一个增长的态势。

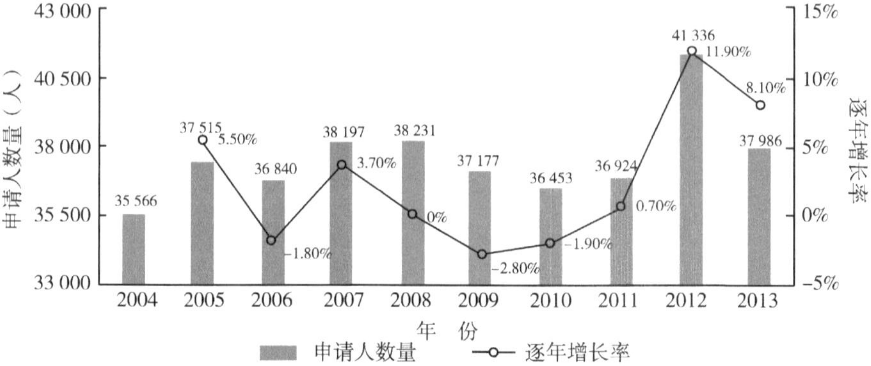

图 3-4　2004—2013 年农业相关专利申请人数量变化情况

申请人作为与发明创造相关的权利主体，世界各国的专利法一致规定，自然人和法人均有申请并取得专利的权利。欧盟统计局与经合组织的《弗拉斯卡蒂手册》将专利申请人类型分成个人、私营企业、政府、大学、医院、私营非营利组织 6 个类型[6,7]。

但是，针对本项研究的申请人特征，以上分类与世界农业相关专利存在难以匹配的情况，通过重新编写 TDA 中用于申请人类型清理的叙词表，将世界农业相关专利申请人分为个人、大学院校、国立机构和公司企业 4 种类型。如图 3-5 和图 3-6 所示，按照这 4 种类型以及它们之间两两合作关系，统计各类型申请人申请农业相关专利数量和占比情况发现，世界农业相关专利申请人主体为企业和个人，分别涉及了 267 496项和 180 844项农业相关专利申请，占全部申请的 53%和 36%。大学院校和国立机构涉及的申请量和所占比重较少，只有 93 619项和 42 619项，占全部申请的 18%和 8%。从合作情况统计，个人与公司企业合作申请涉及的申请量和所占比重，分别为 45 236项和 8. 94%，也远远高于其他类型申请人合作申请的数量。

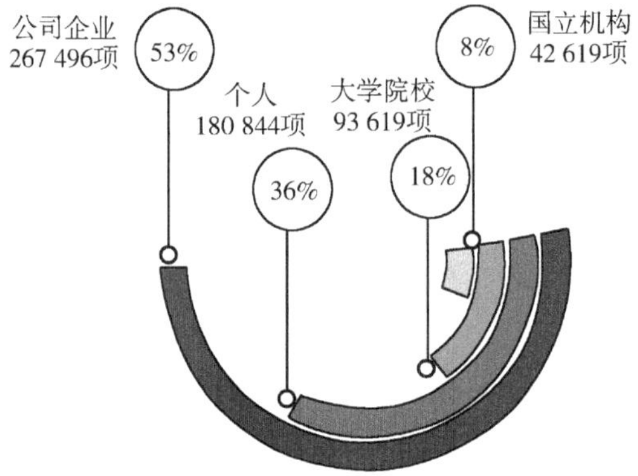

图 3-5 2004—2013 年各类型申请人申请农业相关专利数量和占比

以上分析结果一定程度上体现了专利制度的本质与作用，即在法律形式的保护下，增加专利拥有者的盈利能力和竞争力，促进研发投入转化为生产力，让技术创新带动经济发展，给社会创造物质财富。盈利能力作为公司企业与生俱来的天然属性，竞争力更是其生存和发展的基础，因此尽可能多地获取专利权就成了众多高新技术公司和企业的战略储备。

除此之外，美国的专利法规定，申请人必须是发明人，在申请美国专利时需要宣誓或提交声明，表示申请人是原始的第一发明人（参见 http://www.uspto.gov/web/offices/pac/mpep/consolidated_ laws.pdf）。因此，美国作为农业相关专利产出和布局的重要国家，个人类型的申请人自然会占据世界农业相关专利申请人较多的份额。公司企业为了保障自身利益，往往会采取在研发和申请专利前与企业内的发明人事先签订专利合作或转让合同的策略，因此，反映在合作申请数量上，公司企业和个人类型的申请人申请数量远远高于其他合作情形。

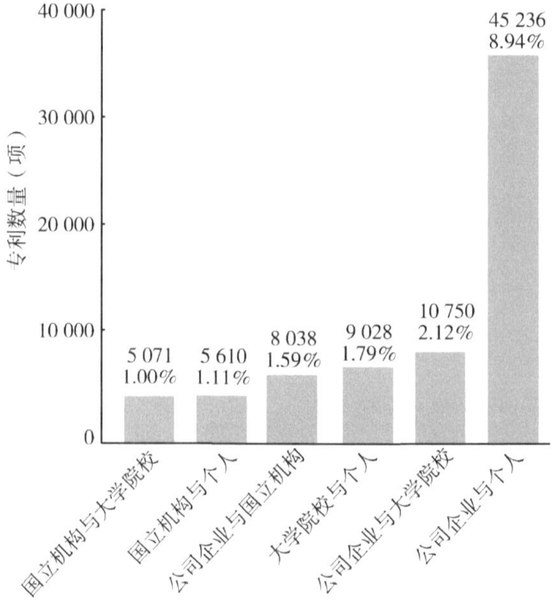

图 3-6　2004—2013 年各类型专利申请人合作申请农业相关专利数量和占比

如表 3-1 所示，对世界农业相关专利申请量排名前 50 位的申请人统计显示，分别来自日本（14 项）、中国（12 项）、美国（7 项）、韩国（5 项）、德国（4 项）、俄罗斯（3 项）、瑞士（2 项）、荷兰（1 项）、丹麦（1 项）和法国（1 项），共 10 个国家的 4 种类型的专利申请人入围排名前 50 位。公司企业最多，有 26 家，其次是大学院校，有 16 家，国立机构 7 家，个人 1 家。中国 12 家申请人全部来自大学院校和国立机构（中国农业科学院按全部下属研究所取合集统计，2004—2013 年农业相关专利申请量位列世界第四，中国第一）。俄罗斯、韩国与中国入围的申请人类型相似，基本都是国立机构和大学院校，其他世界各国入围的申请人绝大多数是公司企业，由于国立机构和大学院校自身性质决定了其专利转化能力与公司企业类型申请人存在实质性差距，虽然这 3 个国家的申请人在申请量上已进入世界前 50 位，但是这 3 个国家顶级农业创新机构中农业企业类型申请人的缺失，一定程度上反映出在高产出申请人实施创新转化实力方面与公司企业类占绝对多数的日本、美国、德国等还是存在不小的差距。

表 3-1　2004—2013 年世界农业相关专利申请量排名前 50 位的申请人统计

排名	申请人	国家	类型	数量（项）
1	卡瓦森科夫·奥利维·伊万诺维奇（KVASENKOV O. I.）	俄罗斯	个人	15 102
2	先锋良种国际有限公司（PIONEER HI-BRED INT INC）	美国	公司企业	4 152
3	井关农机有限公司（ISEKI AGRIC MACH MFG CO LTD）	日本	公司企业	3 948
4	中国农业科学院（CHINESE ACAD AGRIC SCI）	中国	国立机构	3 499
5	孟山都技术有限公司（MONSANTO TECHNOLOGY LLC）	美国	公司企业	2 959
6	中国农业大学（UNIV CHINA AGRIC）	中国	大学院校	2 850
7	久保田公司（KUBOTA CORP）	日本	公司企业	2 720
8	洋马公司（YANMAR DIESEL ENGINE CO）	日本	公司企业	2 400
9	拜耳作物科学公司（BAYER CROPSCIENCE AG）	德国	公司企业	1 928
10	巴斯夫股份公司（BASF SE）	德国	公司企业	1 903
11	浙江大学（UNIV ZHEJIANG）	中国	大学院校	1 759
12	中国水产科学研究院（CHINESE ACAD FISH SCI）	中国	国立机构	1 750
13	三菱农业机械有限公司（MITSUBISHI AGRICULT MACH CO LTD）	日本	公司企业	1 475
14	南京农业大学（UNIV NANJING AGRIC）	中国	大学院校	1 461
15	韩国农业发展管理局（RURAL DEV ADMINISTRATION）	韩国	国立机构	1 411
16	大和精工株式会社（DAIWA SEIKO KK）	日本	公司企业	1 378
17	华南农业大学（UNIV SOUTH CHINA AGRIC）	中国	大学院校	1 369
18	先正达公司（SYNGENTA PARTICIPATIONS AG）	瑞士	公司企业	1 353
19	迪尔公司（DEERE & CO）	美国	公司企业	1 309
20	华中农业大学（UNIV HUAZHONG AGRIC）	中国	大学院校	1 307
21	住友化工有限公司（SUMITOMO CHEM CO LTD）	日本	公司企业	1 220
22	加利福尼亚大学（UNIV CALIFORNIA）	美国	大学院校	1 219

（续表）

排名	申请人	国家	类型	数量（项）
23	CNH 美国有限责任公司（CNH AMERICA LLC）	美国	公司企业	1 175
24	江南大学（UNIV JIANGNAN）	中国	大学院校	1 016
25	花王公司（KAO CORP）	日本	公司企业	1 006
26	陶氏益农公司（DOW AGROSCIENCES LLC）	美国	公司企业	967
27	上海交通大学（UNIV SHANGHAI JIAOTONG）	中国	大学院校	941
28	禧玛诺公司（SHIMANO CORP）	日本	公司企业	882
29	日本三井造船株式会社（DOKURITSU GYOSEI HOJIN SANGYO GIJUTSU SO）	日本	公司企业	819
30	西北农林科技大学（XIBEI FORESTRY-AGRIC UNIV）	中国	大学院校	809
31	三星电子有限公司（SAMSUNG ELECTRONICS CO LTD）	韩国	公司企业	801
32	雀巢公司（NESTEC SA）	瑞士	公司企业	761
33	首尔国立大学工业基金会（UNIV SEOUL NAT IND FOUND）	韩国	大学院校	735
34	东京大学（UNIV TOKYO）	日本	大学院校	735
35	法国国家科学研究中心（CENT NAT RECH SCI）	法国	国立机构	732
36	达吉斯坦国立技术大学（DAGESTAN STATE TECHNICAL UNIVERSITY）	俄罗斯	大学院校	697
37	韩国生物科学和生物技术研究所（KOREA RES INST BIOSCIENCE & BIOTECHNOLOG）	韩国	国立机构	687
38	松下电器产业株式会社（MATSUSHITA DENKI SANGYO KK）	日本	公司企业	683
39	诺维信生物技术有限公司（NOVOZYMES AS）	丹麦	公司企业	669
40	日本国立农业食品产业技术综合研究机构（NAT AGRIC & FOOD RES ORG）	日本	国立机构	666
41	美国卫生部和人类服务部（US DEPT HEALTH & HUMAN SERVICES）	美国	国立机构	644
42	格拉斯农机有限公司（CLAAS SELBSTFAHRENDE ERNTEMASCHINEN GMBH）	德国	公司企业	629
43	味之素株式会社（AJINOMOTO KK）	日本	公司企业	627
44	复旦大学（UNIV FUDAN）	中国	大学院校	627

（续表）

排名	申请人	国家	类型	数量（项）
45	帝斯曼知识产权资产管理公司（DSM IP ASSETS BV）	荷兰	公司企业	626
46	庆北国立大学产业学术合作基金会（SNU R&D FOUND）	韩国	大学院校	597
47	中山大学（UNIV SUN YAT SEN）	中国	大学院校	594
48	库班农业大学（UNIV KUBAN AGRIC）	俄罗斯	大学院校	582
49	阿玛松家族集团（AMAZONEN - WERKE DREYER GMBH & CO KG H）	德国	公司企业	545
50	钟化株式会社（KANEKA CORP）	日本	公司企业	543

四、全球农业相关专利发明人情况

发明人是对发明创造实质性特点做出创造性贡献的人，通过对发明人数量的统计分析，可以从侧面反映出某些领域创新活动的趋势和活跃程度。如图 3-7 所示，对 2004—2013 年农业相关专利的统计发现，从事农业相关技术研发的发明人总体数量成持续稳定增长的趋势，2004—2013 年平均每年都有 5 万名左右的从业人员持续专注于农业领域的技术研发，而且每年都有大量的新进研发人员进入农业相关领域从事研发和专利申报活动，随着每年新进入的研发人员数量快速增长，2013 年从事农业相关领域技术的发明人员人数相比 2004 将近增长了 1 倍。发明人的持续增长，一方面说明农业相关专利的申请人 2004—2013 年在创新研发中对人力资源的投入持续稳定增长，充分体现了研发人员对于本领域技术创新的重要价值；另一方面反映了农业领域的发明创造可以为更多从业个人带来收益，每年都在吸引大量的人员投入其中。

五、全球农业相关专利主要技术领域情况

对 2004—2013 年全球农业相关专利进行统计与分析，发现 447 084件专利

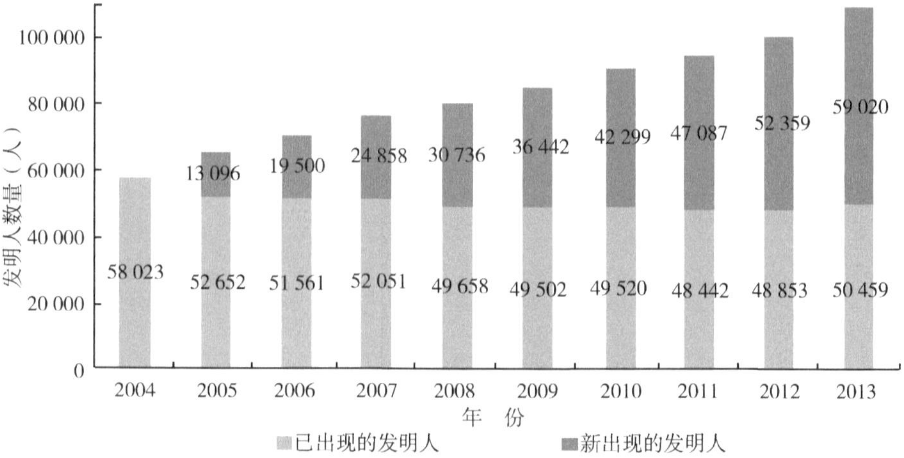

图 3-7　全球农业相关专利发明人情况

（占总申请量的 88.4%）涉及了以下 25 个 IPC 子类。按 IPC 子类申请量排序给出分布情况，如表 3-2 所示，C12N 和 C12Q 申请量占据绝对领先地位，除此之外，C07K、C12P、C07H、C12R 和 C12M 也都进入前 25 位。由此看出，申请量排名前 25 位的 IPC 子类中近 1/3 的技术分类涉及微生物、酶、变异或遗传工程等相关技术，一定程度上反映出遗传工程和生物技术是 2004—2013 年关注度最高的现代农业技术领域。另外，食物的处理和保存技术、农药和植物生长调节剂、畜牧和饲养技术、园艺与种植技术也都占有较大的比例。

表 3-2　2004—2013 年世界农业相关专利申请量排名前 25 位的 IPC 子类

序号	IPC 子类	IPC 含义	申请总量（项）
1	C12N	微生物或酶，及其组合物；繁殖、保藏或维持微生物；变异或遗传工程；培养基	104 487
2	C12Q	包含酶或微生物的测定或检验方法，及其所用的组合物或试纸；在微生物学方法或酶学方法中的条件反应控制	62 628
3	A23L	不包含在 A21D 或 A23B 至 A23J 小类中的食品、食料或非酒精饮料，及其制备或处理；食品或食料的一般保存	56 391
4	A01N	杀生剂（如消毒剂、农药、除草剂）；害虫驱避剂或引诱剂；植物生长调节剂	56 370

（续表）

序号	IPC 子类	IPC 含义	申请总量（项）
5	A01K	畜牧业；禽类、鱼类、昆虫的管理；捕鱼；饲养或养殖其他类不包含的动物；动物的新品种	50 100
6	A01G	园艺；蔬菜、花卉、稻、果树、葡萄、啤酒花或海菜的栽培；林业；浇水	49 742
7	G01N	借助测定材料的化学或物理性质来测试或分析材料	40 114
8	C07K	肽	35 673
9	A01P	化学化合物或制剂的杀生、害虫驱避、害虫引诱或植物生长调节活性	31 022
10	C12P	发酵或使用酶的方法，合成目标化合物或组合物，或从外消旋混合物中分离旋光异构体	25 509
11	A23K	饲料	24 661
12	A01H	新植物或获得新植物的方法；通过组织培养技术的植物再生	22 528
13	C07H	糖类，及其衍生物；核苷；核苷酸；核酸	18 446
14	A01D	收获；割草	17 610
15	A01C	种植；播种；施肥	17 064
16	C12R	与涉及微生物之从 C12C 到 C12Q 中或 C12S 小类相关的引得表	14 701
17	A21D	焙烤用面粉或面团的处理（如添加材料）；焙烤；焙烤产品，及其保存	14 590
18	A01M	动物的捕捉、诱捕或惊吓	13 595
19	C05G	由一种或多种肥料与无特殊肥效的物质（如农药、土壤调理剂、润湿剂等）所组成的混合物；以形状为特征的肥料	13 414
20	A23C	乳制品（如奶、黄油、干酪）；奶或干酪的代用品；其制备	12 588
21	C12M	酶学或微生物学装置	12 268
22	C07D	杂环化合物	11 718
23	A01B	农业或林业的整地；一般农业机械或农具的部件、零件或附件	11 515
24	B02C	一般破碎、研磨或粉碎；碾磨谷物	10 571
25	C05F	不包含在 C05B、C05C 小类中的有机肥料（如用废物或垃圾制成的肥料）	10 537

再结合排名前 25 位的 IPC 子类 2004—2013 年变化趋势、年均增长率和首末年增长率来看，如图 3-8 和图 3-9 所示，虽然 G01N、C07K、C12P、A01H、

C07H、C12M 和 C07D 这几类技术 2004—2013 年申请总量仍排在前 25 位，但是年均增长率和首末年增长率均呈负增长趋势，一定程度上反映出这些技术种类正在逐渐淡出，很可能不再是今后农业相关专利关注的重点技术领域。C12N 和 C12Q 申请量占绝对优势，而且年均增长率和首末年增长率也呈正增长，但是增长速度和增幅相比其他 IPC 技术分类要低，一定程度上反映出这两类技术分类发展有放缓的趋势。A01P、C05G、A23K、A01G 和 C05F 的年均增长率均达到 16% 以上，最高的达到 31.78%，2013 年的申请量相比 2004 更是增长了 3 倍以上，特别是 C05G 和 A01P 在 2013 年的申请量相比 2004 年分别增长了 8 倍和 4 倍以上，一定程度上反映出由一种或多种肥料与无特殊肥效物质所组成的混合物和以形状为特征的肥料，化学化合物或制剂的杀生、害虫驱避、害虫引诱或植物生长调节活性相关的技术和产品，饲料相关的技术和产品等是 2004—2013 年全球农业技术研发的创新点和关注的热点。

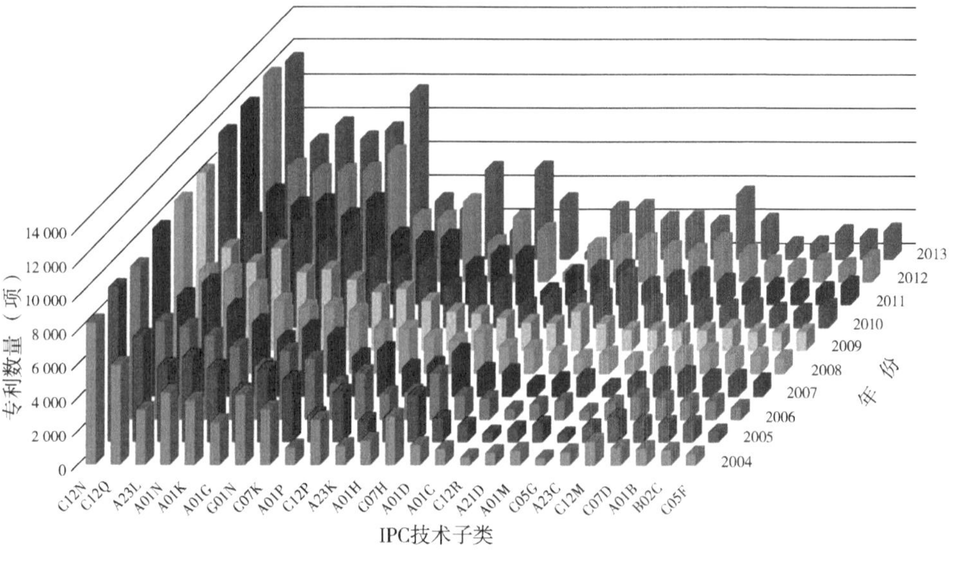

图 3-8 2004—2013 年前 25 位 IPC 子类逐年变化情况

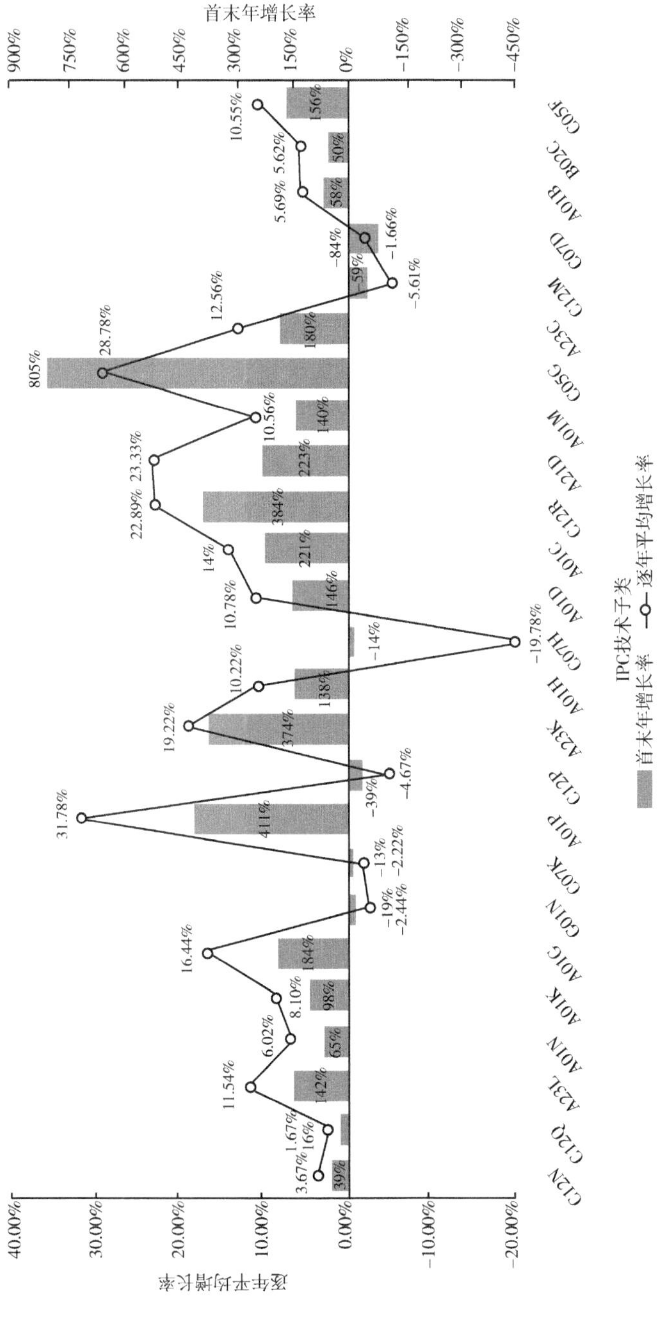

图3-9　2004—2013年前25位IPC子类逐年平均增长率和首末年增长率

六、全球农业相关专利引证频次情况

专利被引次数是体现专利价值的重要指标之一，已普遍得到国内外相关研究机构的认同。被大量引用的专利对其后续的发明创造具有重要的启示作用和极大的参考价值，甚至在进行专利交叉许可谈判中的作用也比其他一般专利重要得多[8]。根据本研究分析主题，选用 DPCI 施引记录数量进行统计，即一项专利的所有 DWPI 家族成员总共被引用的次数，用家族级别的引用指标更能体现出某项发明创造主题（产品、技术、设备和材料等）综合被引用的情况。如图 3-10 所示，没有被引用过的专利有 279 716项，被引用 1~10 次的有 206 145项，被引用 11~100 次的 19 028项，101~250 次的有 184 项，251~586 次的有 24 项。被引用专利占总数量的 44.7%，如果考虑到专利申请量和公开年限的情况，被引比例还会有所提高。以上情况在一定程度上反映出，农业相关专利整体对后续的技术发展具有较好的继承与参考价值。

从申请量排名前 10 位的优先权国家/地区农业相关专利被引用情况来看（图

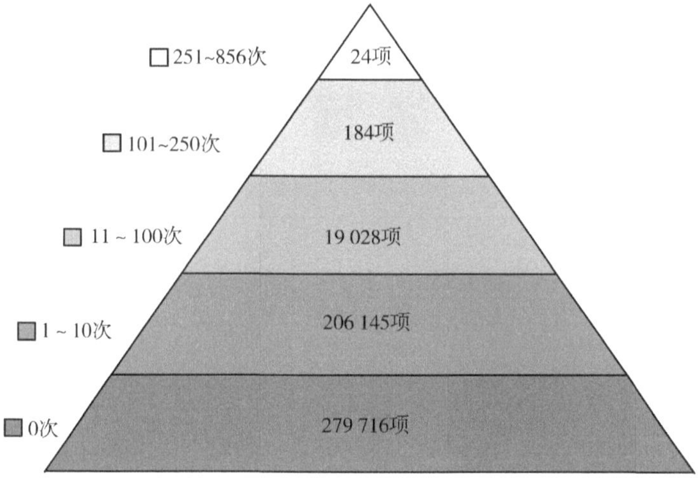

图 3-10　2004—2013 年世界农业相关专利总体被引用情况

3-11)，美国、德国、英国和中国大陆被引用过的专利比例高于全球水平，一定程度上说明这些国家的技术产出普遍对后续发明和技术有推动意义。在被引 11~100 次的统计档中，美国以遥遥领先的优势占据首位，被引用过的专利申请量是排名第二的中国大陆的 5.2 倍，是排名第三的日本的 7.8 倍。在 101~250 次和 251~586 次的超高统计档中，美国更是以 138 项和 14 项专利的绝对优势排名第一，法国、澳大利亚和中国台湾地区则没有专利进入这两档统计，中国大陆、韩国和英国分别有 1 项、2 项和 3 项专利进入被引 101~250 次统计档，但没有专利进入 251~586 次的最高统计档。除美国外，日本、德国和俄罗斯也都有专利同时进入这两档统计。一定程度上说明，在某些农业技术领域，以上国家产出过具有绝对先进性和明显创造性的技术。

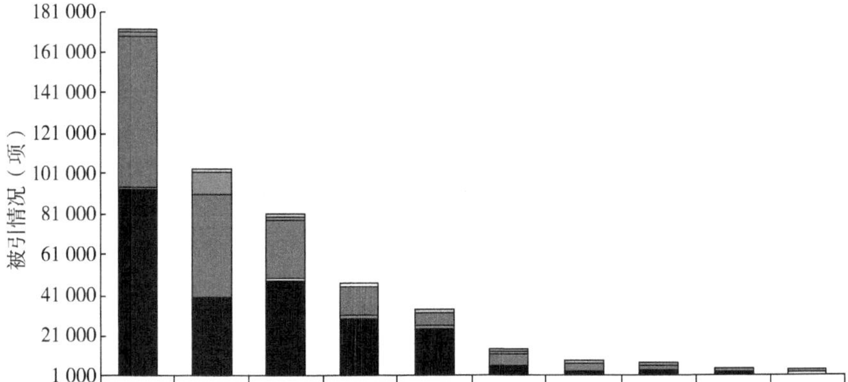

	中国大陆	美国	日本	韩国	俄罗斯	德国	英国	法国	中国台湾	澳大利亚
□251~586次	0	14	1	0	6	1	0	0	0	0
■101~250次	1	138	11	2	13	8	3	0	0	0
■11~100次	2 197	11 503	1 470	332	223	757	541	192	25	98
■1~10次	75 605	50 649	29 832	15 047	7 396	5 833	3 404	2 366	616	1 097
■0次	93 673	40 175	48 914	30 045	24 924	6 094	3 387	3 545	2 974	2 056

图 3-11　2004—2013 年排名前 10 位的优先权国家/地区农业相关专利被引情况

第四章 世界农业相关专利重点国家/地区分析

专利的数量和质量是国家/地区创新体系的核心要素之一，更是衡量国家/地区科技竞争力和创新程度的重要指标。本研究选取了农业相关专利优先权国家/地区申请量排名前10位的国家和地区进行重点分析。

一、Top10创新国家/地区申请量变化趋势分析

如图4-1和图4-2所示，从排名前10位的世界农业创新国家/地区申请趋势看，美国、日本、德国和英国基本从2006年开始申请量呈逐年下降的趋势。法国和澳大利亚申请趋势相对平稳，没有太大的波动。中国大陆、韩国、俄罗斯和中国台湾地区从2005年开始呈高速增长的趋势。2004—2013年，中国大陆、美国和日本一直占据前3名的位置，中国大陆从2007年开始超越日本排名第二，2008—2013年超越美国并一直占据申请量第一的位置，而且逐年拉大与其他国家/地区的差距，从最初仅为美国和日本申请量的40%和45%，到2013年已是同年美国和日本的5.1倍和6.6倍。2013年韩国与排名第三的日本间的差距也已经十分微弱，并有赶超的趋势。由此看出，2004—2013年世界农业相关专利申请量持续稳定的增长，其驱动力主要来自中国大陆、韩国和俄罗斯。

二、Top10创新国家/地区域外专利布局趋势分析

某国向域外专利局或专利组织申请专利的比重，可以从一定程度上反映出该国家/地区创新技术总体的国际竞争水平。本研究中，只要某DWPI同族专利中

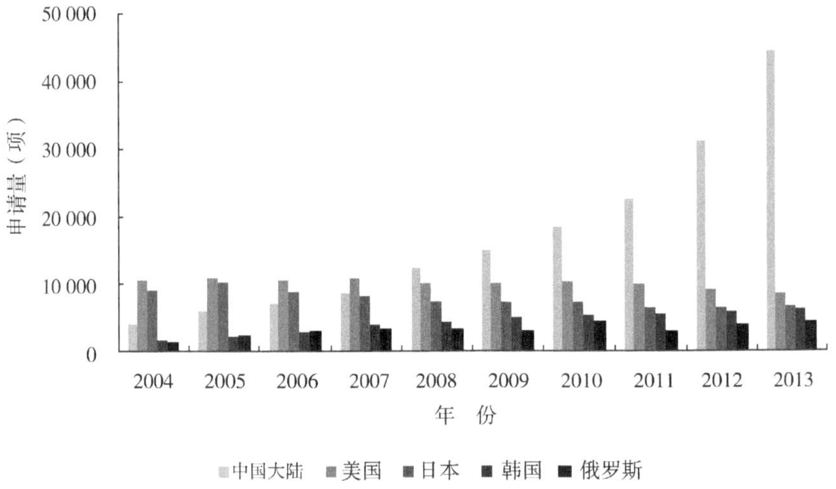

图 4-1　排名前 5 位的创新国家/地区专利申请量变化趋势

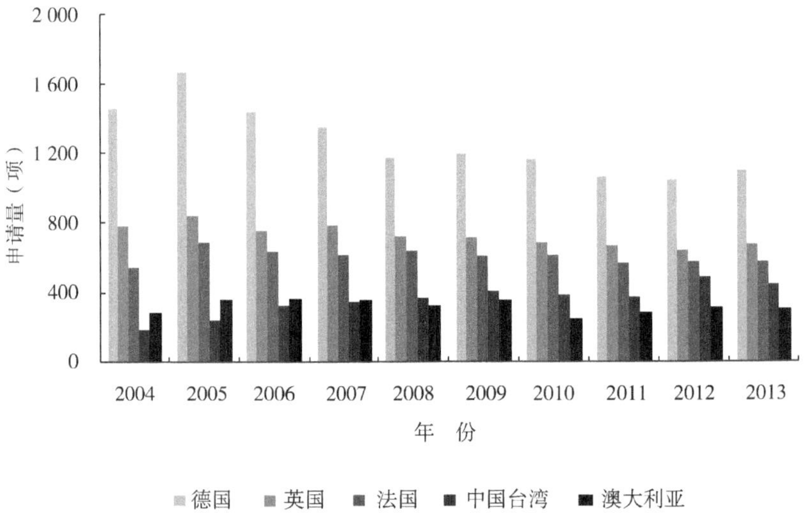

图 4-2　排名 6~10 位的创新国家/地区专利申请量变化趋势

有一项专利为向非本国家/地区专利局提交的申请，该项专利即被认为有域外申请活动，归入统计项。如图 4-3 所示，通过对排名前 10 位的创新国家/地区前后 5 年域外专利申请比重趋势分析，可以看出，英国、澳大利亚和美国 2004—2013 年有超过或接近 50%的专利提交过域外申请，德国、日本、法国和中国台湾地区提交过域外申请的比例多在 20%~30%，中国大陆和俄罗斯域外申请的比例只有 1%左右。

从域外专利布局趋势看只有美国和日本 2009—2013 年域外申请比例有提升，其他国家/地区或多或少的都有下降，德国下降得最为明显，从 36.7%降至了 19.1%，中国大陆和俄罗斯更是跌到 0.7%。由此从一定程度反映出，英国、澳大利亚、美国和德国的农业相关专利的总体国际竞争水平较高，特别是美国和日本 2009—2013 年总体农业相关专利的国际竞争水平又得到了加强，中国和俄罗斯虽然农业相关专利总体数量较高，但是源自这两国的农业创新在推动全球农业创新方面还有待提高。

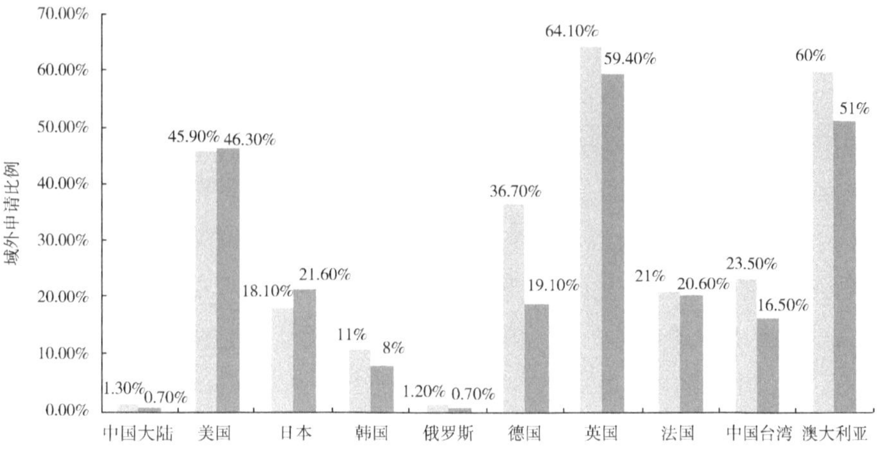

图 4-3 Top10 创新国家/地区域外专利布局趋势情况

三、Top10 创新国家/地区专利布局地域分析

申请人将相关专利在不同国家/地区提交申请，可以增强对全球潜在市场的占有和控制能力，最大限度维护自身的权益。通过对排名前 10 位的创新国家/地区农业相关专利在全球重要国家和市场布局情况分析，能一定程度预判作为技术来源国的发明创造对未来生产和销售市场布局的情况。本研究选取了包含排名前 10 位的创新国家/地区，以及金砖五国为代表的新兴经济国家，加拿大、墨西哥、新西兰为代表的农业大国，以及“一带一路”经济带上的科技强国（如以色列等）20 个主要国家/地区，对排名前 10 位的创新国家/地区农业相关专利布局情况进行统计分析。如表 4-1 所示，中国大陆农业相关专利主要还是在本国进行申请布局，对外布局相对自身专利产出要少很多，对外布局中主要通过 PCT 和欧洲专利局途径，分别申请了 2 637件和 698 件；布局国家方面，美国和日本是中国农业相关专利主要的目标市场。美国农业相关专利除大量对本国的布局外，并有 56 888件和 37 598件专利通过 PCT 和欧洲专利局途径对外布局，布局国家/地区方面在加拿大、中国大陆、日本和澳大利亚的申请了超过 2 万件专利，在韩国、印度和墨西哥的申请超过 1 万件。日本农业相关专利除了大量对本国的布局外，并有 13 181件和 7 673件专利通过 PCT 和欧洲专利局途径对外布局，布局国家方面美国和中国大陆是日本农业相关专利主要的目标市场，在中国大陆申请了 7 988件专利超过了在欧洲专利局申请的数量，可见中国大陆市场对于日本农业相关专利海外布局的重要性。除此之外，日本在韩国和中国台湾地区相比在其他国家/地区的申请量也要多，由此看出东亚地区是日本农业相关专利布局的重要地区。法国和德国通过欧洲专利局申请的数量超过了 PCT 途径申请量，由此看出，比较对世界范围的布局，一定程度上反映出两国更为重视直接对欧洲地区进行农业专利布局。虽然俄罗斯农业相关专利产出很多，但是基本上是在本国申请，对外申请的数量极少，一定程度反映出，该国农业创新对外技术扩散和影响能力明显不足。排名前 10 位的创新国家/地区的农业相关专利，除在本国大量布局外，美国都是各国专利布局的第一大目标市场，由此从一定程度上反映出，

美国农业市场的重要度和该国对知识产权的保护力度得到世界范围认可。中国是第二大目标市场，各国在华专利申请量远超其他金砖国家（俄罗斯、印度、南非和巴西）、澳大利亚、加拿大等农产品产出大国。从一定程度上反映出，中国作为世界重要的农业市场越来越受世界所关注，以及中国对知识产权的保护力度也正在得到世界范围的认可。

表 4-1 Top10 创新国家/地区专利布局地域情况

序号	布局地域/机构	对外布局数量（件）									
		中国大陆	美国	日本	韩国	俄罗斯	德国	英国	法国	中国台湾	澳大利亚
1	中国大陆	171 336	21 216	7 988	1 640	88	1 973	1 847	1 151	243	536
2	美国	1 446	94 854	10 754	2 795	136	4 052	3 820	2 119	793	1 209
3	日本	529	22 633	78 539	1 623	87	1 528	1 941	1 141	244	449
4	世界知识产权组织	2 637	56 888	13 181	3 445	353	4 373	4 852	2 835	20	1 676
5	欧洲专利局	698	37598	7 673	1 302	141	6 634	4 013	3 014	81	869
6	韩国	256	10 346	4 699	45 238	41	652	735	426	54	168
7	加拿大	273	27 435	2 011	243	39	1 071	1 721	1 025	36	565
8	俄罗斯	103	4 587	741	148	32 510	715	398	334	5	60
9	澳大利亚	279	20 986	2 001	264	18	852	1 790	656	44	2 787
10	印度	215	11 206	1 710	294	41	874	1 133	517	22	283
11	德国	133	1 922	654	146	31	12 180	400	425	88	25
12	墨西哥	67	11 019	702	107	15	514	665	377	3	139
13	巴西	74	6 200	739	114	21	747	561	362	15	115
14	中国台湾	114	4 276	2 807	108	0	320	262	119	3 539	46
15	西班牙	40	3 810	651	86	8	958	603	655	6	72
16	南非	69	4 760	395	42	8	388	549	244	6	201
17	以色列	38	5 586	322	34	4	155	312	206	2	68
18	新西兰	34	3 856	351	35	4	156	405	158	6	375
19	法国	41	116	118	5	3	141	26	5 943	25	3
20	英国	73	717	136	40	5	61	3 444	26	37	53

四、Top10 创新国家/地区四分之三方专利申请量分析

向单个国家/地区专利局申请专利的数量，往往难以有力地反映作为技术来源国向外技术输出的情况，也未能有效体现技术来源国家/地区的创新实力。各国同时向美国、日本、欧洲这些科技先进、经济发达、法律制度健全的国家和地区申请的农业相关专利，更能代表其国家/地区拥有的专利价值和原创技术的国际竞争力。近年来，随着新兴经济国家影响力的增强，以中国为代表的新兴经济国家研发活力日益强盛，为了更全面地衡量世界农业相关专利技术输出情况，本研究在经济合作与发展组织（OECD）提出的美国、日本、欧洲三方专利族的基础上进行扩展，构建了中国、美国、欧洲、日本四分之三方专利指标，即为了保护同一项农业相关发明，每项农业相关专利至少同时拥有向中国知识产权局（SIPO）、美国专利与商标局（USPTO）、欧洲专利局（EPO）和日本专利局（JPO）中的任意 3 个机构的申请。

如图 4-4、图 4-5 和图 4-6 所示，2004—2013 年全球农业相关专利申请共有 43 559项符合四分之三方专利指标，意大利和丹麦进入排名前 10 位，分列第九和第十位。申请量排名前 10 位的国家中，除中国保持平稳增长外，其他 9 个国家申请量均呈缓慢下降的趋势。

申请总量方面，美国以 26 084项和 60% 占比的绝对优势遥遥领先于其他国家，日本以 26 084项和 19% 占比紧跟其后，英国、德国、法国和韩国分别位列第三至第六位，中国仅以 696 项排名第七位。再将四分之三方专利申请量结合各国专利申请总量分析，英国、美国、法国、澳大利亚和德国以 31%、25.5%、22.9%、17.5%和 16.3%占比分列第一至第五位，中国只有 0.4%的专利提出四分之三方专利申请。由此可见，中国目前不仅在具备国际竞争力的农业相关创新技术的绝对数量上与发达国家存在差距，而且在产出效率上与世界发达国家也存在差距。

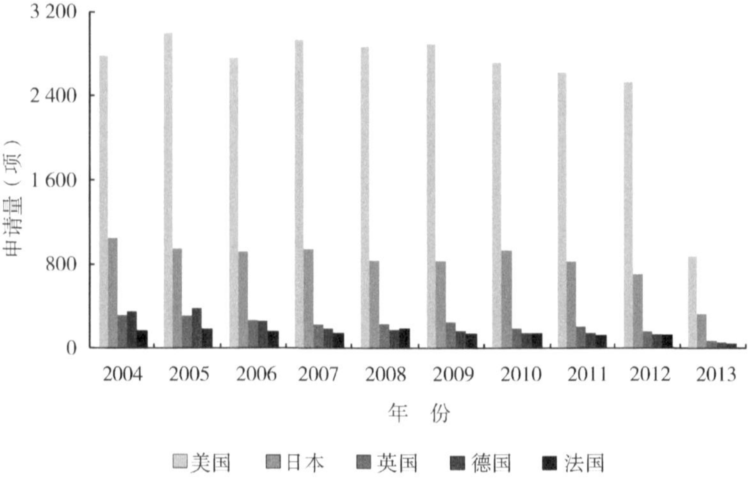

图 4-4　排名前 5 位的创新国家四分之三方专利申请量趋势

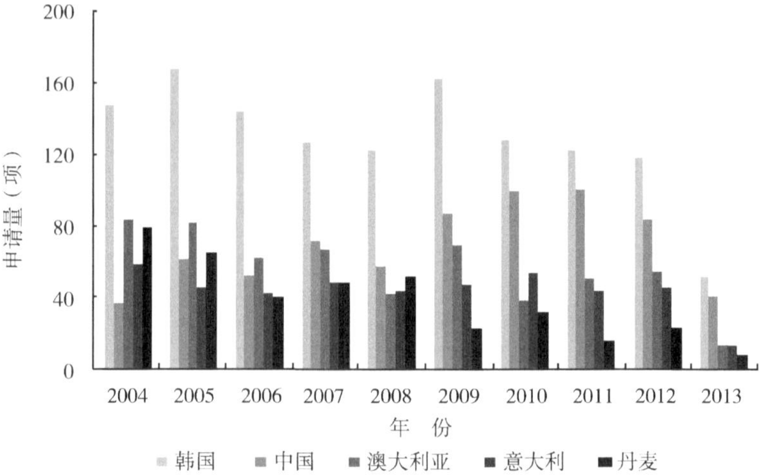

图 4-5　2004—2013 年排名 6~10 位的创新国家四分之三方专利申请量趋势

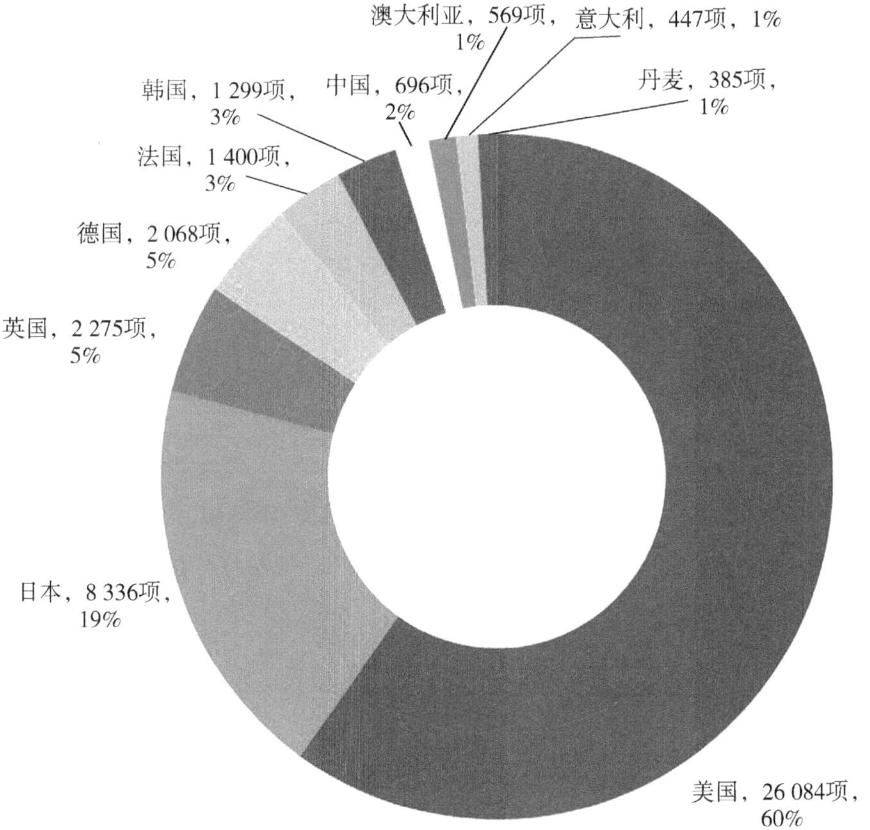

图 4-6 2004—2013 年四分之三方专利 Top10 国家申请量和占比

第五章　世界农业相关专利技术分布特征及变化分析

一、IPC 技术领域申请量前 20 位核心国家/地区构成分析

按 IPC 技术子类申请量前 20 位排序给出分布情况，如表 5-1 所示，2004—2013 年核心国家/地区申请量占比最高的技术领域 C05G 高达 91.85%，最低的 A23L 也有 66.22%。中国和日本分别除了没在 C07H 子类和 A01H 子类进入申请量核心国家/地区统计，在其余 19 个 IPC 技术领域都有进入。美国除了没在 A23L、A01G 和 A21D 进入申请量核心国家/地区统计，在其余 17 个 IPC 技术领域都有进入。除此之外，韩国和俄罗斯也都进入了 2 个技术领域的申请量核心国家/地区统计。中国在 10 个技术领域申请量位列第一，美国在 7 个技术领域位列第一，日本和俄罗斯分别在 2 个和 1 个技术领域申请量位列第一。以上统计反映出，申请量排名前 20 位的 IPC 技术领域国家/地区集中度相对较高，中国、日本和美国不论从申请量还是涉及的种类上都绝对领先于其他国家/地区。

表 5-1　2004—2013 年 IPC 技术领域申请量前 20 位的核心国家/地区（或国际机构）情况

序号	IPC 子类	记录数量（项）	核心国家/地区（或国际机构）申请量（项）						核心国家/地区（或国际机构）占比
			第一位		第二位		第三位		
			国家/地区	申请量（项）	国家/地区	申请量（项）	国家/地区（或国际机构）	申请量（项）	
1	C12N	104 644	美国	36 776	中国	28 851	日本	16 503	78.49%
2	C12Q	62 751	美国	25 513	中国	14 462	日本	8 128	76.66%

（续表）

序号	IPC 子类	记录数量（项）	核心国家/地区（或国际机构）申请量（项）						核心国家/地区（或国际机构）占比
			第一位		第二位		第三位		
			国家/地区	申请量（项）	国家/地区	申请量（项）	国家/地区（或国际机构）	申请量（项）	
3	A23L	56 464	中国	15 453	俄罗斯	12 576	日本	9 359	66. 22%
4	A01N	56 421	中国	19 440	美国	18 183	日本	6 631	78. 44%
5	A01K	50 149	中国	13 125	美国	10 939	日本	9 298	66. 53%
6	A01G	49 787	中国	21 358	日本	8 547	韩国	7 653	75. 44%
7	G01N	40 170	美国	16 179	日本	7 322	中国	6 842	75. 54%
8	C07K	35 729	美国	15 692	中国	8 271	日本	4 168	78. 73%
9	A01P	31 042	中国	16 923	日本	4 512	美国	4 286	82. 86%
10	C12P	25 536	美国	10 833	中国	5 073	日本	4 459	79. 75%
11	A23K	24 692	中国	15 235	美国	2 171	日本	2 134	79. 13%
12	A01H	22 546	美国	10 825	中国	7 848	韩国	995	87. 23%
13	C07H	18 463	美国	11 954	日本	1 832	欧洲专利局	1 336	81. 90%
14	A01D	17 655	日本	5 090	中国	3 762	美国	3 139	67. 92%
15	A01C	17 114	中国	6 696	日本	3 647	美国	2 113	72. 78%
16	C12R	14 714	中国	10 566	日本	862	美国	856	83. 49%
17	A21D	14 596	俄罗斯	4 604	中国	4 263	日本	1 865	73. 53%
18	A01M	13 615	日本	3 901	中国	3 291	美国	2 309	69. 78%
19	C05G	13 419	中国	11 435	日本	506	美国	384	91. 85%
20	A23C	12 602	中国	5 898	美国	1 373	日本	1 311	68. 10%

二、Top10 创新国家/地区技术领域相似度分析

通过将申请量排名前 10 位国家/地区的 IPC 小组种类按取余弦函数运算（相似度越高，数值越接近 1），得出国家/地区间技术领域相似度数据，相似度越高说明两国/地区之间的农业技术研发细分领域越相近。如图 5-1 所示，中国大陆

Show Values>=0.00 and <1.00 互相关 交互于：国际专利分类-DWPI（组） 1组（项） 记录数量 余弦		优先权国家/地区	1 中国大陆	2 美国	3 日本	4 韩国	5 俄罗斯	6 德国	7 英国	8 法国	9 中国台湾	10 澳大利亚
优先权国家/地区		记录数据（项）	171 476	102 476	80 225	45 426	32 562	12 692	7 336	6 103	3 615	3 252
1	中国大陆	171 476	1.000	0.681	0.823	0.827	0.435	0.675	0.700	0.747	0.784	0.728
2	美国	102 476	0.681	1.000	0.831	0.655	0.174	0.702	0.960	0.869	0.749	0.938
3	日本	80 225	0.823	0.831	1.000	0.870	0.429	0.792	0.859	0.881	0.846	0.867
4	韩国	45 426	0.827	0.655	0.870	1.000	0.592	0.651	0.673	0.774	0.873	0.739
5	俄罗斯	32 562	0.435	0.174	0.429	0.592	1.000	0.325	0.188	0.362	0.295	0.233
6	德国	12 692	0.675	0.702	0.792	0.651	0.325	1.000	0.760	0.838	0.713	0.767
7	英国	7 336	0.700	0.960	0.859	0.673	0.188	0.760	1.000	0.913	0.786	0.960
8	法国	6 103	0.747	0.869	0.881	0.744	0.362	0.838	0.913	1.000	0.858	0.912
9	中国台湾	3 615	0.784	0.749	0.846	0.873	0.295	0.713	0.786	0.858	1.000	0.834
10	澳大利亚	3 252	0.728	0.938	0.867	0.739	0.233	0.767	0.960	0.912	0.834	1.000

图 5-1　申请量排名前10位国家/地区的IPC小组技术领域相似度情况

与日本和韩国间技术相似度最高，美国则与英国和澳大利亚技术相似度最高，而且高于中国大陆与日本和韩国的相似度。英国、法国和德国 3 国间的相似度也比较高。俄罗斯与各国的相似度数值都比较低，一定程度上反映该国在农业相关技术研发领域上的独特性。

三、申请排名前 20 位的 IPC 技术领域关联技术分析

在发明专利审查过程中，审查员会依据专利说明书和权利要求书的描述，将最能充分代表发明信息的 IPC 技术分类号排在第一位，其他相关的技术分类排在后面，因此一项专利申请通常会分配多个类别的一组 IPC 分类号用于准确描绘发明的功能和用途。现代农业创新一个显著特点就是在多学科融合与各种技术交互作用下取得突破，本研究对申请量排名前 20 位的 IPC 技术子类和与之相关的 IPC 技术子类数量进行关联分析，如表 5-2 所示，作为关联技术总共出现了 22 种 IPC 子类。A61K、A61P、C07D、A01F、A01B、A23G、A23P、C05F 和 C05D 共 9 种 IPC 子类未曾出现在申请量排名前 20 位的 IPC 技术子类中，其中 A61K 和 A61P 出现频次最多，分别与 12 项和 5 项申请量排名前 20 位的 IPC 技术子类同时出现。一定程度反映出目前这 9 种 IPC 子类虽然没有在申请总量上排名靠前，但是有可能是今后关联推动创新的技术来源领域。C12N、C12Q、C07K、G01N、A23C、A01P、A01C、A01H、C05G、A01N、A01G、A23L 和 C12P 共 13 种源自申请量排名前 20 位的 IPC 技术子类同时也出现在关联 IPC 子类中，其中 C12N、A01G 和 C12Q 出现频次最多，一定程度反映出这些技术分类一直是现代农业技术创新的关注点。A01K、A23K、C07H、A01D、C12R、A21D 和 A01M 共 7 种源自申请量排名前 20 位的 IPC 技术分类没有出现在关联技术中，一定程度上说明这些农业相关技术的独立性较高，在推动其他农业技术领域创新上可能不是主要的关联技术。

表 5-2 2004—2013 年申请量前 20 位的 IPC 技术领域关联技术情况

序号	IPC 子类	记录数量（项）	关联 IPC 子类及数量					
			第一位		第二位		第三位	
			IPC 子类	数量（项）	IPC 子类	数量（项）	IPC 子类	数量（项）
1	C12N	104 644	C12Q	32 362	C07K	30 206	A61K	10 579
2	C12Q	62 751	C12N	32 362	G01N	26 505	A61K	10 974
3	A23L	56 464	A61K	7 532	A61P	5 212	A23C	4 892
4	A01N	56 421	A01P	30 405	A61P	11 748	A61K	7 856
5	A01K	50 149	C12N	3 892	A61K	2 604	G01N	2 148
6	A01G	49 787	A01C	3 682	A01H	2 269	C05G	2 009
7	G01N	40 170	C12Q	26 505	C12N	19 403	A61K	11 559
8	C07K	35 729	C12N	30 206	A61K	9 153	A61P	5 585
9	A01P	31 042	A01N	30 405	A61K	3 848	C07D	3 516
10	C12P	25 536	C12N	20 171	C07K	9 913	A61K	8 197
11	A23K	24 692	A61K	4 309	A23L	3 889	A61P	3 236
12	A01H	22 546	C12N	16 201	C07K	4 613	A01G	2 269
13	C07H	18 463	C12N	14 218	C12Q	9 127	A61K	8 830
14	A01D	17 655	A01F	2 010	A01B	1 480	A01G	983
15	A01C	17 114	A01G	3 682	A01B	2 297	A01N	1 206
16	C12R	14 714	C12N	11 877	C12P	4 876	C12Q	2 530
17	A21D	14 596	A23L	3 947	A23G	1 166	A23P	508
18	A01M	13 615	A01N	1 559	A01P	1 166	A01G	1 135
19	C05G	13 419	C05F	2 696	A01G	2 009	C05D	1 401
20	A23C	12 602	A23L	4 892	A61K	1 624	A61P	996

第六章　世界农业相关专利重要申请人分析

一、Top10 创新国家/地区农业相关专利申请人类型和申请量分析

通过对申请量排名前 10 位的创新国家/地区农业相关专利申请人类型及其申请量情况分析，可以了解各国家/地区驱动创新的主体构成及其创新产出情况。如图 6-1 所示，从各类型申请人的申请量占比看，俄罗斯是个人类型申请人申请量比例最高的国家，韩国是国立机构申请人申请量比例最高的国家，英国是大学院校类型申请人申请量比例最高的国家，德国是公司企业类型申请人申请量比例最高的国家，此外，还有美国、日本、法国和澳大利亚公司类型申请人涉及的申请量比例也要高于其他类型申请人，由此从一定程度上反映出这 5 国的农业创新驱动主体多来自公司企业。虽然在申请总量上中国大陆、美国和日本，分列前三名，但是，美国和日本的公司类型申请人涉及的申请量要高于中国大陆。中国大陆只是在大学院校和国立机构这两种申请人类型的申请量和占比要远远高于美国和日本。因此，从一定程度上反映出 2004—2013 年中国大陆在农业相关专利上的高速增长主要是由大学院校和国立机构推动。

二、全球申请量前 20 位企业类重要专利权人活跃度分析

企业类型的申请人区别其他类型的申请人的一个最显著特点就是，企业自身的商业属性与专利循环流程完全匹配，具备直接将专利转化成产品并具有销售的能力和渠道。本研究选取了全球 2004—2013 年农业相关专利申请量最高的 20 个

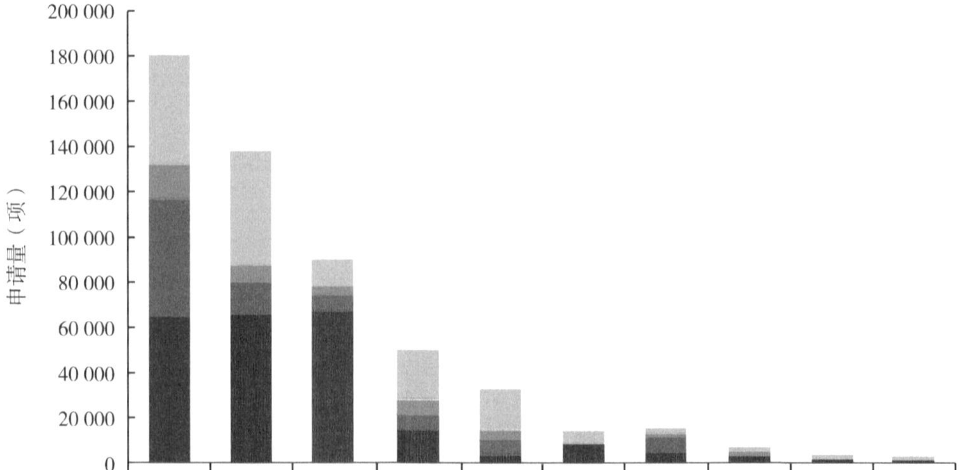

	中国大陆	美国	日本	韩国	俄罗斯	德国	英国	法国	中国台湾	澳大利亚
个人（项）	48 646	50 844	12 028	22 005	19 794	4 606	3 219	2 064	1 478	1 432
国立机构（项）	15 259	7 604	3 956	6 610	3 502	121	295	1 026	351	238
大学院校（项）	52 180	14 589	7 227	5 704	6 713	432	7 252	416	985	269
公司企业（项）	64 860	65 677	67 424	15 960	4 213	9 498	5 134	4 106	1 116	1 958

图 6-1 2004—2013 年 Top10 创新国家/地区申请人类型和申请量情况

申请人进行分析，如表 6-1 所示，有来自日本、美国、德国和瑞士 4 个国家的专利申请人进入排名前 20 位。其中有 10 家来自日本，5 家来自美国，3 家来自德国，2 家来自瑞士。对于企业来说，持续创新一直被视为其生存发展的本源，20 家企业在 2004—2013 年都不间断地有专利申请活动，一定程度上反映出这些公司有一个长期稳定的技术研发和专利布局策略。其中，2011—2013 年申请量占 30%及以上的有 8 家，包括 4 家种业和农化公司（先锋良种国际有限公司、孟山都技术有限公司、陶氏益农公司、先正达公司），3 家农机制造公司（久保田公司、CNH 美国有限责任公司、克拉斯农机有限公司）和 1 家食品公司（雀巢公司），从一定程度上反映这 8 家公司类专利申请人的研发投入和创新活跃度成增长趋势。与美国和瑞士的顶级涉农企业形成了鲜明的对比，日本虽然有 10 家企业入选申请量排名前 20 位，但是 9 家申请人 2011—2013 年的申请量都呈下降趋势，一定程度上显示出该国顶级涉农企业近些年创新活力不足。

表 6-1 全球申请量前 20 位企业类专利申请人活跃度情况

序号	申请人	国家	2004—2013 年申请总量（项）	2011—2013 年申请量（项）	2011—2013 年占比
1	先锋良种国际有限公司	美国	4 152	1 392	33.5%
2	井关农机有限公司	日本	3 948	1 137	28.8%
3	孟山都技术有限公司	美国	2 959	1 059	35.8%
4	久保田公司	日本	2 720	823	30.3%
5	洋马公司	日本	2 400	573	23.9%
6	拜耳作物科学公司	德国	1 928	474	24.6%
7	巴斯夫股份公司	德国	1 903	557	29.3%
8	三菱农业机械有限公司	日本	1 475	309	20.9%
9	大和精工株式会社	日本	1 378	243	17.6%
10	先正达公司	瑞士	1 353	498	36.8%
11	迪尔公司	美国	1 309	334	25.5%
12	住友化工有限公司	日本	1 220	306	25.0%
13	CNH 美国有限责任公司	美国	1 175	413	35.1%
14	花王公司	日本	1 006	251	25.0%
15	陶氏益农公司	美国	967	425	44.0%
16	禧玛诺公司	日本	882	201	22.8%
17	雀巢公司	瑞士	761	283	37.1%
18	松下电器产业株式会社	日本	683	195	28.6%
19	克拉斯农机有限公司	德国	629	226	36.1%
20	味之素株式会社	日本	627	135	21.5%

三、全球申请量前 20 位企业类重要专利权人核心技术领域和发明人分析

如表 6-2 所示，7 家农机制造企业核心的技术领域集中在 A01B、A01C、A01D、A01F 这 4 个 IPC 技术子类中，其中，A01F（脱粒；禾秆、干草或类似物的打捆；将禾秆、干草或类似物形成捆或打捆的固定装置或手动工具；禾秆、干

草或类似物的切碎；农业或园艺产品的储藏）为非2004—2013年世界农业相关专利申请量排名前25位IPC子类，只在迪尔公司和克拉斯农机有限公司的核心技术领域出现。申请专利数量最多的发明人是来自井关农机有限公司Muranami Masami，总共申请了338项。6家种业与农化企业核心的技术领域主要集中在A01H、A01P、A01N、C07D、C07H、C07K和C12N这7个IPC技术子类中，全部出自2004—2013年世界农业相关专利申请量排名前25位的IPC子类，申请专利数量最多的发明人是来自孟山都技术有限公司的Higgs William E，总共申请了400项。2家食品公司主要的技术领域主要集中在A23L、A23C、A61K、C12N和C12P，其中，A61K（医用、牙科用或梳妆用的配制品）未能进入2004—2013年世界农业相关专利申请量排名前25位的IPC子类，申请专利数量最多的发明人是来自味之素株式会社的Yoshihiro，总共申请了29项。通过以上统计，顶级涉农企业的核心技术领域大部分出自2004—2013年世界农业相关专利申请量排名前25位的IPC子类，农机制造企业的技术领域相对比较集中，种业与农化企业的核心技术领域相对比较分散，食品类企业的发明人与以上两类企业的发明人相比在申请数量上有明显差距。

表6-2　2004—2013年全球申请量前20位企业类重要专利权人核心技术领域和发明人情况

申请人	核心技术（IPC子类）	核心发明人
先锋良种国际有限公司	C12N [3 085]，A01H [2 904]，C07H [580]	Fabrizius Martin Arthur [161]，Roach Michael Thomas [147]，Streit Leon George [127]
井关农机有限公司	A01D [1 335]，A01C [1 111]，A01B [567]	Murana Mimasami [338]，Satoji Hisayuki [314]，Nobuhiro Yamane [274]
孟山都技术有限公司	A01H [2 785]，C12N [2 774]，C07K [1 069]	Higgs William E. [400]，Holland Gregory J. [193]，Stelpflug Richard G. [169]
久保田公司	A01D [1 037]，A01C [624]，A01B [411]	Haya Shishigeki [104]，Fujii Kenji [96]，Nakajima Tetsuya [86]
洋马公司	A01D [881]，A01C [425]，A01B [360]	Doi Kunio [68]，Kirihata Toshinori [64]，Moriyama Koji [63]
拜耳作物科学公司	A01N [1 369]，A01P [1 067]，C07D [592]	Neumann Ulrike Wachendorff [135]，Hungenberg Heike [91]，Dahmen Peter [89]
巴斯夫股份公司	A01N [1 156]，A01P [823]，C12N [598]	Dietz Jochen [136]，Grammenos Wassilios [132]，Gewehr Markus [127]

（续表）

申请人	核心技术（IPC 子类）	核心发明人
三菱农业机械有限公司	A01C［405］，A01D［389］，A01B［362］	Baba Keiichi［67］，Umebayashi Ryuji［62］，Ishibashi Toshiyuki［56］
大和精工株式会社	A01K［1367］，A63B［31］，B65D［22］	Tsutsumi Wataru［88］，Akiba Masaru［78］，Terauchi Takashi［70］
先正达公司	A01N［690］，A01H［608］，C12N［569］	Cassayre Jérôme Yves［53］，Pitterna Thomas［49］，El Qacemi Myriem［48］
迪尔公司	A01D［706］，A01B［298］，A01F［222］	Coers Bruce Alan［61］，Viaud Jean［55］，Anderson Noel Wayne［39］
住友化工有限公司	A01N［924］，A01P［760］，C07D［261］	Iwata Atsushi［60］，Matsuzaki Yuichi［58］，Kurahashi Makoto［40］
CNH 美国有限责任公司	A01D［485］，A01B［302］，A01C［276］	Ricketts Jonathan Eugene［42］，Smith Kevin M.［40］，Farley Herbert M.［38］
花王公司	C12N［251］，A23L［248］，A61K［192］	Ara Katsutoshi［62］，Endo Keiji［32］，Nakayama Motoichi［29］
陶氏益农公司	A01N［618］，A01P［449］，C12N［302］	Hunter Ricky［40］，Trullinger Tony K.［39］，YIN Bei［39］
禧玛诺公司	A01K［881］，B65D［23］，A45C［21］	Matsumoto Masahiko［222］，Taniguchi Kazuma［152］，Tanigawa Shiyoutaro［115］
雀巢公司	A23L［509］，A23C［256］，A61K［234］	Pan Yuanlong［24］，Sher Alexander A.［20］，Singh Sharat［18］
松下电器产业株式会社	G01N［162］，C12N［156］，C12M［154］	Yamada Makoto［42］，Ishiwatari Masanori［28］，Yaku Hidenobu［24］
克拉斯农机有限公司	A01D［472］，A01B［171］，A01F［168］	Behnke Willi［28］，Loebe Stefan［22］，Diekhans Dr. Norbert［21］
味之素株式会社	C12N［360］，C12P［303］，A23L［236］	Yoshihiro［29］，Gusyatiner Mikhail Markovich［26］，Voroshilova Elvira Borisovna［24］

注：方括号内数值为申请量，单位为“项”。

四、全球申请量前 20 位企业类重要专利申请人全球专利布局分析

如表 6-3 所示，从专利家族成员国数量，即专利申请人进行国际间申请，并进入各国家/地区的国家阶段后的申请国家/地区数量统计来看，先锋良种国际有

限公司、孟山都技术有限公司、拜耳作物科学公司、巴斯夫股份公司、先正达公司和陶氏益农公司分别向 27～32 个国家/地区或国际机构提交了国际专利申请，其他排名前 20 位的企业类专利申请人除三菱农业机械有限公司只在 2 个国家/地区或国际机构进行了布局，其他申请人都在十几至二十几个国家/地区或国际机构进行了专利申请。从一定程度上反映出顶级种业和农化企业在全球专利布局的国家/地区范围相比其他类型的企业要更广。从全球前 20 位企业类重要申请人的专利家族平均成员数量看，即申请人平均每项专利进入国家/地区阶段后包含的申请数量统计，雀巢公司以 8.89 件排名第一，紧跟其后的是 4 家种业与农化公司——陶氏益农公司、拜耳作物科学公司、巴斯夫股份公司和先正达公司，分别为 7.01 件、6.61 件、6.40 件和 4.71 件，排名 2 至 5 位，并明显高于其他企业的专利家族平均成员数量。从申请人布局的主要途径与国家/地区看，14 家企业通过 PCT 途径进行国际间专利申请，其中拜耳作物科学公司、巴斯夫股份公司和雀巢公司将 PCT 申请作为首要选择，高达 85%、90% 和 95% 的发明都提交了 PCT 申请。先锋良种国际有限公司、孟山都技术有限公司、先正达公司和陶氏益农公司等 9 家公司的 PCT 申请量都仅次于在公司所属国提交的申请量，由此从一定程度反映出，随着全球一体化进一步发展，世界顶级涉农企业对知识产权的重视，将专利作为各公司的技术储备和竞争武器用于占领全球市场已成为一种必然趋势。另外，有 17 家顶级涉农企业将中国作为其全球专利布局的主要市场，特别是井关农机有限公司和久保田公司这两家日本著名农业机械企业已将中国作为除日本外全球第二大专利申请国，一定程度反映出中国作为全球重要的农业市场越来越受世界顶级涉农企业的关注，以及中国对知识产权的保护力度也正在得到世界范围认可。

表 6-3　全球申请量前 20 位企业类重要专利申请人全球专利布局情况

申请人	同族专利成员总数量（件）	同族专利数量（项）	同族专利平均规模（件）	国家/地区（或国际机构）数量（个）	主要布局国家/地区（或国际机构）
先锋良种国际有限公司	11 717	4 152	2.82	31	美国［3 898］，世界知识产权组织［1 345］，欧洲专利局［995］，加拿大［991］，中国大陆［837］

（续表）

申请人	同族专利成员总数量（件）	同族专利数量（项）	同族专利平均规模（件）	国家/地区（或国际机构）数量（个）	主要布局国家/地区（或国际机构）
井关农机有限公司	4 333	3 948	1.10	14	日本［3 926］，中国大陆［175］，韩国［105］，中国台湾［53］，欧洲专利局［21］
孟山都技术有限公司	4 965	2 959	1.68	27	美国［2 919］，世界知识产权组织［360］，欧洲专利局［244］，加拿大［224］，中国大陆［192］
久保田公司	3 643	2 720	1.34	16	日本［2 655］，中国大陆［346］，韩国［211］，美国［194］，世界知识产权组织［66］
洋马公司	3 225	2 400	1.34	18	日本［2 386］，世界知识产权组织［265］，中国大陆［202］，韩国［149］，美国［84］
拜耳作物科学公司	12 747	1 928	6.61	32	世界知识产权组织［1 628］，美国［1 420］，欧洲专利局［1 398］，中国大陆［991］，日本［918］
巴斯夫股份公司	12 179	1 903	6.40	31	世界知识产权组织［1 724］，欧洲专利局［1 362］，美国［1 356］，中国大陆［1 146］，日本［814］
三菱农业机械有限公司	1 476	1 475	1.00	2	日本［1 475］，韩国［1］
大和精工株式会社	1 655	1 378	1.20	12	日本［1 378］，中国大陆［71］，韩国［62］，美国［49］，欧洲专利局［35］
先正达公司	6 369	1 353	4.71	32	美国［1 087］，世界知识产权组织［835］，欧洲专利局［584］，中国大陆［493］，加拿大［416］
迪尔公司	4 226	1 309	3.23	27	美国［1 114］，欧洲专利局［851］，德国［529］，巴西［354］，澳大利亚［261］

（续表）

申请人	同族专利成员总数量（件）	同族专利数量（项）	同族专利平均规模（件）	国家/地区（或国际机构）数量（个）	主要布局国家/地区（或国际机构）
住友化工有限公司	4 860	1 220	3.98	33	日本［1 129］，世界知识产权组织［487］，美国［419］，中国大陆［343］，欧洲专利局［306］
CNH美国有限责任公司	2 601	1 175	2.21	17	美国［1 110］，欧洲专利局［458］，加拿大［284］，世界知识产权组织［223］，中国大陆［99］
花王公司	2 090	1 006	2.08	21	日本［990］，世界知识产权组织［229］，美国［222］，中国大陆［208］，欧洲专利局［169］
陶氏益农公司	6 779	967	7.01	28	美国［897］，世界知识产权组织［746］，欧洲专利局［583］，中国大陆［545］，日本［487］
禧玛诺公司	2 121	882	2.40	16	日本［865］，中国大陆［305］，韩国［276］，中国台湾［266］，美国［152］
雀巢公司	6 767	761	8.89	19	世界知识产权组织［725］，欧洲专利局［659］，美国［638］，中国大陆［579］，澳大利亚［524］
松下电器产业株式会社	1 280	683	1.87	20	日本［653］，世界知识产权组织［175］，美国［167］，中国大陆［114］，欧洲专利局［74］
克拉斯农机有限公司	1 591	629	2.53	16	德国［576］，欧洲专利局［525］，美国［212］，俄罗斯［198］，巴西［24］
味之素株式会社	2 231	627	3.56	27	日本［520］，世界知识产权组织［357］，美国［308］，欧洲专利局［265］，中国大陆［190］

注：方括号内数值为专利数量，单位为“项”。

五、全球申请量前20位的非企业类重要专利权人活跃度分析

非企业类专利申请人自身不具备生产和销售属性，在通过专利权获取利益方面需要借助相关机构的转化来实现，因此本研究将全球2004—2013年农业相关专利申请量最高的20个非企业类型申请人进行分析，如表6-4所示，有来自中国、韩国、日本、俄罗斯、美国和法国共6个国家的专利申请人进入排名前20位。其中有10家来自中国，4家来自韩国，2家来自日本，2家来自俄罗斯，美国和法国各1家。有13家大学院校、6家国立机构和1位个人申请人。除达吉斯坦国立技术大学申请活动集中在2005—2010年及2013年外，其余19位申请人2004—2013年都不间断的有专利申请活动，一定程度上反映出这些全球非企业类专利申请人都有持续稳定的研发投入和技术产出。其中，2011—2013年申请量低于30%的只有4家，加利福尼亚大学、东京大学、达吉斯坦国立技术大学、韩国生物科学和生物技术研究所，其余的16家申请人2011—2013年的申请量占比都高于30%，从一定程度上反映大部分非公司类专利申请人近期的研发投入和创新活跃度呈高速增长趋势。特别是来自中国的10位申请人2011—2013年的专利申请量比例都在40%以上，2004—2013年中国农业科学院以3 499项申请量位列中国第一，2011—2013年的专利申请量比例高达54%，显示出了强劲的增长势头。

表6-4　2004—2013年全球排名前20位的非企业类重要专利申请人活跃度情况

序号	申请人	国家	类型	2004—2013年申请总量（项）	2011—2013年申请量（项）	2011—2013年占比
1	Kvasenkov Oleg Ivanovich	俄罗斯	个人	15 102	5 286	35%
2	中国农业科学院	中国	国立机构	3 499	1 889	54%
3	中国农业大学	中国	大学院校	2 850	1 304	46%
4	浙江大学	中国	大学院校	1 759	734	42%
5	中国水产科学研究院	中国	国立机构	1 750	912	52%
6	南京农业大学	中国	大学院校	1 461	793	54%

（续表）

序号	申请人	国家	类型	2004—2013 年申请总量（项）	2011—2013 年申请量（项）	2011—2013 年占比
7	韩国农业发展管理局	韩国	国立机构	1 393	719	52%
8	华南农业大学	中国	大学院校	1 369	690	50%
9	华中农业大学	中国	大学院校	1 286	722	52%
10	加利福尼亚大学	美国	大学院校	1 219	321	26%
11	江南大学	中国	大学院校	1 016	602	59%
12	上海交通大学	中国	大学院校	941	396	42%
13	西北农林科技大学	中国	大学院校	809	363	45%
14	首尔国立大学工业基金会	韩国	大学院校	726	276	38%
15	东京大学	日本	大学院校	734	177	24%
16	法国国家科学研究中心	法国	国立机构	732	229	31%
17	达吉斯坦国立技术大学	俄罗斯	大学院校	697（2005—2010 年，2013 年）	7	1%
18	韩国生物科学和生物技术研究所	韩国	国立机构	687	203	29%
19	日本国立农业·食品产业技术综合研究机构	日本	国立机构	666	200	30%
20	庆北国立大学产业学术合作基金会	韩国	大学院校	597	269	45%

注：方括号内数值为专利数量，单位为“项”。

六、全球申请量前 20 位的非企业类重要专利权人核心技术领域和发明人分析

如表 6-5 所示，除了 2 个来自俄罗斯的专利申请人将 A23L、A23B、A23C 和 A21D 作为 2004—2013 年的核心技术领域进行专利申请，其余 18 家专利申请人的技术领域主要集中在 C12N、C12Q、C12R、A01N、A01H、A01P、A01K、

C07K 和 G01N 共 9 个 IPC 技术子类中，全部出自 2004—2013 年世界农业相关专利申请量排名前 25 位的 IPC 子类，特别是 C12N 涉及的申请量在 17 家专利申请人的核心技术领域中排名第一。在全球农业相关专利技术领域统计中显示 C07K 在 2004—2013 年的年均增长率和首末年增长率都是负增长，但是该技术子类进入了中国农业科学院和中国农业大学的核心技术领域。C12R 和 A01P 作为 2004—2013 年农业相关专利平均增长率和首末年增长率较高的技术领域，已经进入浙江大学、南京农业大学、上海交通大学、江南大学和华南农业大学的核心技术领域。首尔国立大学工业基金会、东京大学、法国国家科学研究中心和加利福尼亚大学具有相同的核心技术领域（C12N、C12Q 和 G01N）。

表 6-5　2004—2013 年全球排名前 20 位非企业类重要专利权人核心技术领域和发明人情况

专利权人/申请人	核心技术（IPC 小类）	核心发明人
Kvasenkov Oleg Ivanovich	A23L［10 156］，A21D［3 725］，A23B［1201］	Kvasenkov Oleg Ivanovich
中国农业科学院	C12N［1 521］，C07K［561］，C12Q［514］	Yao Bin［75］，Chen Ming［62］，Meng Kun［60］
中国农业大学	C12N［740］，G01N［416］，C07K［279］	Wei Wenjun［63］，Li Haitao［56］，Wang Cheng-d［55］
浙江大学	C12N［677］，C12Q［282］，C12R［211］	Ruan Hui［69］，He Guoqing［62］，Xu Juan［47］
中国水产科学研究院	A01K［787］，C12N［213］，C12Q［191］	Shi Jiangao［89］，Xu Pao［78］，Zhuang Ping［64］
南京农业大学	C12N［518］，C12R［222］，A01H［208］	Wu Jun［53］，Zhang Shaoling［51］，Qi Kai Jie［44］
韩国农业发展管理局	C12N［667］，C12Q［366］，A01G［199］	Lee Kyung Tai［66］，Kim Tae Hun［64］，Choi Hong Soo［58］
华南农业大学	C12N［258］，A01N［247］，A01P［209］	Xu Hanhong［66］，Luo Xiwen［63］，Hong Tiansheng［59］
华中农业大学	C12N［574］，A01H［214］，C12Q［197］	Chen Chunhuan［71］，Yuan Zonghui［66］，Chen Dongmei［65］
加利福尼亚大学	C12N［689］，C12Q［651］，G01N［421］	Keasling Jay D.［30］，Gray Joe W.［14］，Carothers James L.［11］
江南大学	C12N［498］，C12R［428］，A23L［159］	Chen Jian［169］，Du Guocheng［114］，Chen Wei［62］

（续表）

专利权人/申请人	核心技术（IPC 小类）	核心发明人
上海交通大学	C12N [439]，C12Q [294]，C12R [129]	Tang Kexuan [52]，He Lin [27]，Cai Run [22]
西北农林科技大学	C12N [203]，C12Q [145]，A01G [139]	Chen Hong [54]，Lan Xianyong [53]，Lei Chuchao [41]
首尔国立大学工业基金会	C12N [481]，C12Q [264]，G01N [151]	Kim Bum Joon [21]，Choi Yang Do [13]，Kim Min Kyun [13]
东京大学	C12N [564]，C12Q [316]，G01N [304]	Nakamura Yusuke [46]，Nakatsuru Shuichi [35]，Aburatani Hiroyuki [27]
法国国家科学研究中心	C12N [459]，C12Q [340]，G01N [282]	Tangy Frédéric [9]，Bieche Ivan [8]，Raoult Didier [8]
达吉斯坦国立技术大学	A23L [690]，A23C [3]，A21D [2]	Abdurashidovich [607]，Magomed Eminovich [388]，Rustam Tagirovich [360]
韩国生物科学和生物技术研究所	C12N [546]，C12Q [252]，C07K [142]	Moon JaeSun [60]，Yeom Young Il [57]，Lee Hee Gu [53]
日本国立农业·食品产业技术综合研究机构	C12N [213]，C12Q [107]，A01G [99]	Nodat Akahiro [20]，Yamauchi Hiroaki [20]，Miyahara Yoshihiko [19]
庆北国立大学产业学术合作基金会	C12N [246]，C12Q [127]，A23L [67]	Oh Sung Aeong [24]，Park Soon Ki [24]，Kim In San [20]

注：方括号内数值为专利数，单位为“项”。

七、全球申请量前 20 位的非企业类重要专利申请人全球专利布局情况

如表 6-6 所示，从专利家族成员国数量，即专利申请人进行国际间申请，并进入国家/地区或国际组织阶段后涉及的国家/地区或国际组织数量来看，加利福尼亚大学、法国国家科学研究中心和东京大学分别向 28 个、27 个和 25 个国家/地区或国际组织提交了国际专利申请；其他排名前 20 位的非企业类申请人，以及韩国生物科学和生物技术研究所和日本国立农业·食品产业技术综合研究机构也在 20 个以上的国家/地区进行了专利申请；来自中国的申请人中，上海交通大学、华中农业大学、中国农业大学、浙江大学、中国农业科学院和南京农业大学

在十几个国家/地区进行了专利申请；俄罗斯的 2 个申请人都只在本国提交了专利申请。从排名前 20 位的非企业类申请人的专利家族平均成员数量看，即申请人平均每项专利进入国家/地区阶段后包含的申请数量统计，法国国家科学研究中心以 5.07 件排名第一，紧跟其后的是加利福尼亚大学和东京大学，分别为 3.4 件和 2.62 件。通过以上分析看出其他 17 家申请人在全球专利布局的国家/地区数量和平均每项发明的申请量上与这 3 家非企业类申请人存在很大差距，从一定程度上反映出加利福尼亚大学、法国国家科学研究中心和东京大学产学研的技术创新具备国际间竞争力。从申请人布局的主要途径与国家/地区看，除俄罗斯的 2 家申请人没有提出国际申请，其余 18 家申请人都以 PCT 申请作为国际间专利布局的主要途径，其中法国国家科学研究中心、加利福尼亚大学和东京大学产学研有高达 93.6%、79.3%和 52.5% 的专利产出都提交了 PCT 申请，特别是法国国家科学研究中心对外专利布局的数量远远高于在域内申请的数量，由此从一定程度推断这 3 家非营利机构管理层和研发人员在专利意识、创新管理、市场敏感度、转化机制和权益分配制度等方面相对更成熟完备。

表 6-6　2004—2013 年全球排名前 20 位非企业类重要专利申请人全球专利布局情况

申请人	同族专利成员总数量（件）	同族专利数量（项）	同族专利平均规模（件）	国家/地区或机构数量（个）	排名前 5 位的国家/地区或机构
Kvasenkov Oleg Ivanovich	15 102	15 102	1.00	1	俄罗斯 [15 102]
中国农业科学院	3 579	3 499	1.02	11	中国 [3 499]，世界知识产权组织 [42]，美国 [18]，加拿大 [5]，欧洲专利局 [4]
中国农业大学	2 913	2 850	1.02	14	中国 [2 843]，世界知识产权组织 [27]，美国 [11]，欧洲专利局 [7]，加拿大 [6]
浙江大学	1 797	1 759	1.02	13	中国 [1 754]，世界知识产权组织 [18]，美国 [7]，欧洲专利局 [3]，日本 [3]

（续表）

申请人	同族专利成员总数量（件）	同族专利数量（项）	同族专利平均规模（件）	国家/地区或机构数量（个）	排名前5位的国家/地区或机构
中国水产科学研究院	1 761	1 750	1.01	4	中国［1 750］，世界知识产权组织［8］，美国［2］，欧洲专利局［1］
南京农业大学	1 527	1 461	1.05	11	中国［1 461］，世界知识产权组织［17］，俄罗斯［17］，美国［10］，欧洲专利局［9］
韩国农业发展管理局	1 529	1 411	1.08	14	韩国［1 407］，世界知识产权组织［48］，中国［21］，美国［17］，日本［17］
华南农业大学	1 373	1 369	1.00	5	中国［1 369］，世界知识产权组织［1］，美国［1］，欧洲专利局［1］，澳大利亚［1］
华中农业大学	1 330	1 261	1.05	15	中国［1 261］，世界知识产权组织［26］，美国［16］，欧洲专利局［4］，加拿大［4］
加利福尼亚大学	4 150	1 219	3.40	28	美国［1 084］，世界知识产权组织［1 005］，欧洲专利局［446］，加拿大［281］，日本［252］
江南大学	1 054	1 016	1.04	12	中国［1 014］，美国［17］，世界知识产权组织［13］，日本［2］，欧洲专利局［1］
上海交通大学	1 021	941	1.09	18	中国［936］，世界知识产权组织［29］，美国［12］，欧洲专利局［8］，日本［5］
西北农林科技大学	810	809	1.00	2	中国［809］，世界知识产权组织［1］

（续表）

申请人	同族专利成员总数量（件）	同族专利数量（项）	同族专利平均规模（件）	国家/地区或机构数量（个）	排名前5位的国家/地区或机构
首尔国立大学工业基金会	1 286	735	1.75	18	韩国［713］，世界知识产权组织［167］，美国［141］，欧洲专利局［66］，日本［58］
东京大学	1 924	735	2.62	25	日本［683］，世界知识产权组织［386］，美国［259］，欧洲专利局［204］，中国［102］
法国国家科学研究中心	3 708	732	5.07	27	世界知识产权组织［677］，欧洲专利局［577］，美国［544］，日本［350］，加拿大［338］
达吉斯坦国立技术大学	697	697	1.00	1	俄罗斯［697］
韩国生物科学和生物技术研究所	1 168	687	1.70	22	韩国［664］，世界知识产权组织［189］，美国［120］，中国［55］，日本［44］
日本国立农业·食品产业技术综合研究机构	948	666	1.42	22	日本［660］，世界知识产权组织［87］，美国［56］，欧洲专利局［35］，中国［27］
庆北国立大学产业学术合作基金会	715	597	1.20	6	韩国［593］，世界知识产权组织［48］，美国［30］，日本［13］，中国［10］

注：方括号内数值为专利数量，单位为“项”。

第七章　世界、中国和中国农业科学院农业相关专利产出对比分析

一、申请量年均增长率

世界、中国和中国农业科学院农业相关专利申请量在 2004—2013 年，分别以年均增长率 10.0%、29.9%和 26.4%的速度持续稳定增长。中国和中国农业科学院农业相关专利申请量年均增长率都远高于世界平均水平，一定程度上说明中国和中国农业科学院表现出了良好的技术创新活力和发展态势。

二、同族专利成员国家/地区数量、同族专利平均规模和域外申请情况

依据前面章节的统计数据得出，排名前 10 位的创新国家/地区平均在 38.3 个国家/地区提出过农业相关专利申请，中国在 35 个国家/地区提出过申请，而中国农业科学院如表 7-1 所示，只在 9 个国家和地区提出过申请（PCT 申请和欧专局申请未列入统计项）。同族专利平均规模，即单项专利家族平均成员数量情况统计来看，排名前 10 位创新国家/地区平均每项农业相关专利向 1.9 个国家或地区的专利受理机构提出过申请，而中国和中国农业科学院每项农业相关专利只向 1.04 个和 1.02 个国家或地区的专利受理机构提出过申请。域外申请方面，如图 7-1 所示，2004—2013 年，排名前 10 位的创新国家/地区平均域外专利申请比例从 28.28%下降到 24.39%。虽然中国农业科学院域外申请比例略高于中国的

整体水平，但是1%左右的域外申请比例据世界整体水平还是存在不小的差距。以上3项统计在一定程度上反映了中国和中国农业科学院虽然对世界农业相关专利申请量贡献很大，但其主要在本国范围内进行布局，借助知识产权进军全球农业市场的意识和能力亟待增强。

表 7-1 中国农业科学院同族专利国家/地区（或国际机构）布局情况

序号	同族专利申请国家/地区（或国际机构）	数量（件）
1	中国大陆	3 499
2	世界知识产权组织	42
3	美国	18
4	加拿大	5
5	欧洲专利局	4
6	中国香港	4
7	澳大利亚	2
8	英国	2
9	日本	2
10	韩国	2
11	印度	1

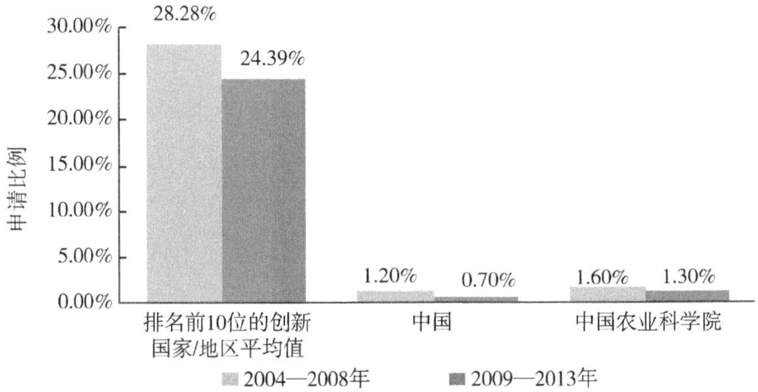

图 7-1 2004—2013 年域外专利布局趋势

三、农业相关专利引证频次情况

通过对 DPCI 施引记录数量进行统计，如表 7-2 所示，中国农业科学院专利整体被引用比例为 52.9%，高于世界和中国农业相关专利被引用的比例，在一定程度上反映出，中国农业科学院专利整体对后续的技术发展具备不错的继承与参考价值。但是中国农业科学院的专利最高只被引证了 27 次，在 101~250 次和 251~586 次两档高引证统计中为零，一定程度上也说明 2004—2013 年在农业发明领域，中国农业科学院尚未产出过具有绝对影响力和明显创造性的专利技术。

表 7-2　2004—2013 年世界、中国和中国农业科学院专利引证情况

引证频次	施引数量（件）		
	世界	中国	中国农业科学院
0 次	279 716	93 673	1 649
1~10 次	206 145	75 605	1 801
11~100 次	19 028	2 197	66
101~250 次	184	1	0
251~586 次	24	0	0
被引用比例	44.7%	45.4%	52.9%

四、农业相关专利主要技术领域情况

如表 7-3 所示，世界和中国申请量排名前 25 位的 IPC 子类一致。2004—2013 年，中国农业科学院申请量排名前 25 位的 IPC 子类中有 18 种与世界申请量排名前 25 位的 IPC 子类一致，其中 A61K、A61P、A23F、C07C、B09C、A23B、C09K 替代了 C07H、A01D、A21D、A23C、C12M、A01B、B02C 进入了中国农业科学院申请量排名前 25 位的 IPC 子类。

2004—2013 年中国有 24 种 IPC 子类平均增长率呈正增长，且超过世界平均增长率，C07H 在世界和中国均呈负增长。中国农业科学院与世界申请量排名前

25 位一致的 18 种 IPC 子类均高于世界平均增长率，除 A23K、A01C 和 C05G 略低于中国平均增长率外，其余 15 种 IPC 子类也均高于中国平均增长率。值得关注的是 A01D、A21D 和 A23C 这 3 项世界和中国 2004—2013 年保持较高速度增长的 IPC 子类没能进入中国农业科学院申请量排名前 25 位，一定程度上反映出中国农业科学院在这 3 项发明技术布局或产出方面有待加强。

表 7-3　2004—2013 年世界、中国和中国农业科学院申请量排名前 25 位的 IPC 子类平均增长率

IPC 子类	世界	中国	中国农业科学院
C12N	3.67%	23.94%	28.10%
C12Q	1.67%	23.83%	36.42%
A23L	11.54%	25.43%	36.42%
A01N	6.02%	26.99%	33.21%
A01K	8.10%	37.94%	81.92%
A01G	16.44%	35.64%	40.04%
G01N	-2.44%	21.95%	47.78%
C07K	-1.22%	23.73%	41.08%
A01P	31.78%	47.41%	79.74%
C12P	-4.67%	16.86%	34.39%
A23K	19.22%	38.00%	34.77%
A01H	10.22%	25.60%	66.11%
C07H	-19.78%	-10.71%	未进入农业科学院申请量排名前 25 位
A01D	10.78%	57.01%	未进入农业科学院申请量排名前 25 位
A01C	14.00%	47.49%	32.94%
C12R	22.89%	56.08%	118.54%
A21D	23.33%	41.23%	未进入农业科学院申请量排名前 25 位
A01M	10.56%	40.29%	47.78%
C05G	28.78%	38.52%	34.50%
A23C	12.56%	36.74%	未进入农业科学院申请量排名前 25 位
C12M	-5.61%	30.30%	未进入农业科学院申请量排名前 25 位
C07D	-1.66%	28.80%	68.52%

（续表）

IPC 子类	世界	中国	中国农业科学院
A01B	5.69%	37.95%	未进入农业科学院申请量排名前 25 位
B02C	5.62%	36.60%	未进入农业科学院申请量排名前 25 位
C05F	10.55%	26.47%	176.01%

第八章　总结与建议

一、总　结

进入 21 世纪以来，人口爆炸和经济发展导致世界范围内食物和纤维需求数倍地激增，生物能源产业的崛起和全球生态环境的变化也扩充了人们原先对传统农业领域在保障食物安全供给和国民经济发展等基本功能的认知。巨大的挑战和商机并存，促使现代农业成为具有战略高度和无限创新空间的领域。发明创造能力的提升和研发投入不断增加是促使农业相关专利申请数量增长的一部分原因，同时发挥作用的因素还包括专利制度的变化，以及专利所有者更加策略的行为。特别是国际间的专利合作更是扩大了全球专利保护范围并强化了持有者的权利。从 20 世纪 90 年代以来，知识产权全球化与资本主义信息化相互呼应，以美国为首的世界发达国家以专利技术的排他性和垄断性渐渐取代传统的市场战与成本战，利用专利技术的挤压效应限制国际竞争并逐步建立起了一套掌握全球产业建构权和创制权的新秩序[9,10]。区别于过去国家间传统农业对物料资源争夺与支配的竞争，现在和今后将升级到关涉技术和品种创新能力以及独享法律规则主导权的竞争。全球农业相关专利申请量的高速增长，恰恰反映出各国对现代农业领域技术创新和知识产权的重视，可以预计今后全球农业相关专利仍会保持增长的态势。

中国、韩国和俄罗斯是当今推动世界农业相关专利申请量增长的主要国家。2005 年以来，我国制定了提高自主创新能力和建设创新型国家的发展战略。为提升我国知识产权创造、运用、保护和管理能力，2008 年国务院制定了《国家知识产权战略纲要》。在实施知识产权战略部署下，中国农业自主技术创新势头强劲，专利申请量一直保持高速增长态势，现已成为世界农业相关专利增长的“助推器”。中国农业相关专利申请数量上保持优势，但同时，中国只有1%左右的农业相关专利进行了域外申请，专利布局的全球性不足，间接反映了中国的原创农业相关技术加快“走出去”过程中，尚未真正实现现代农业由物料资源输出向技术输出的转变，即中国技术含量较高的农业相关技术和产品还没能真正走向国际市场，在专利全球布局方面与美国、日本、德国、法国、英国、瑞士等科技与知识产权发达国家还有存在一定差距，专利质量亟待提升。

专利作为受法律保护拥有排他使用权的商业化技术，其创新主体中企业和个人占据了主要部分。20世纪80年代以来，经济合作与发展组织国家（美国、日本、德国、法国等）中的大学院校和国立研究机构都在不断加强对自身发明的保护力度。在这一大背景下，大学院校和国立研究机构的专利申请行为呈现增长态势。同时，随着世界范围内知识产权保护意识的增强以及促进技术转化的法律法规的通过，也都让这类申请人专利申请活动进一步增加。美国1980年通过的《拜杜法案》，将专利的所有权从政府转让给大学（并进一步转让给其他公司），推动了政府支持的科研成果转化。在20世纪末，不少经济合作与发展组织成员国仿效美国，允许大学院校和国立研究机构申请、拥有、许可由政府资金支持的知识产权。例如，在德国和日本，大学院校内的发明人可以拥有专利权，或者专利权归大学所有，而这些机构的发明人会得到可观的授权费作为补偿，进而促使这两种类型申请人的申请数量也在不断增加。

2015年，我国为提高创新实体的科技成果管理与运用实施能力，两项激发发明者积极性的法律法规《中华人民共和国促进科技成果转化法》和《职务发明条例（草案）》相继出台。在2016年中央一号文件中，突出强调了农业现代化、农业科技创新，并再次提出加强农业知识产权保护。由此可以预见，知识产权对于农业生产科研的重要性，作为我国农业相关专利产出主体的研究机构和大学院校会越来越多地将取得的科研成果中能申请专利的“创新技术成果”固化为专利权的形式加以保护和公开。

在技术领域方面，通过对IPC技术子类统计分析发现，涉及微生物、酶、变异或遗传工程等相关技术，食物的处理和保存技术，农药和植物生长调节剂，畜牧和饲养技术，园艺与种植技术，农药、土壤调理剂、润湿剂所组成的混合物以形状为特征的肥料技术和产品，化学化合物或制剂的杀生、害虫驱避、害虫引诱或植物生长调节活性技术和产品，饲料相关的技术和产品等，是当前和今后一段时期全球农业技术研发的创新点和关注的热点。

二、建　议

研究表明，中国目前农业相关技术研发主要由国立科研机构和大学院校承担，而农业企业个体研发投入和实力相对薄弱。农业领域的科研单位要把握农业科技和产业发展新方向，合理规划科研选题，将研发重点从应用型技术创新逐渐过渡到前沿技术创新上来，对前沿性领域围绕关键技术合理及早布局，抢占世界农业相关技术创新制高点；将提高农业相关专利质量和国际申请数量作为发展目标，配合出台相关指导政策、考核指标和专项经费，激发科研团队和人员对国际专利申请的积极性；构建一套贯穿创新团队知识产权循环的服务流程，借助嵌入式学科化跟踪服务和实时动态分析，提供涉及科学、技术、产业、新品种和竞争对手等多维度信息和知识增值服务，实现专利信息与产业信息和技术信息之间的关联性分析，为科研团队把握产业走向、提高科研产出效率和促进科研成果的产业化提供服务支撑；加强科技合作，一方面要寻求企业合作，使科研单位和企业能够优势互补，形成良性的成果转化机制，另一方面要积极拓展国际合作空间，与实现突破创新和原始创新的国家/地区加强合作交流，向创新网络中心靠拢，积极吸收国外先进技术，注重技术的改进研究，逐步形成自主知识产权。

参考文献

［1］ OECD Publishing. OECD Patent Statistics Manual ［M］. Paris：OECD Publishing，2009.

［2］ 张清奎.化学领域发明专利申请的文件撰写与审查［M］. 3 版. 北京：知识产权出版社，2010.

［3］ 中华人民共和国国家知识产权局.专利审查指南［M］. 2010 版. 北京：知识产权出版社，2010.

［4］ Dehon C，B van Pottelsberghe.Implementing a Forecasting Methodology for PCT Applications at WIPO ［R］. Hitotsubashi University IIR，2003.

［5］ Dernis H. Nowcasting Patent Indicators ［EB/OL］// OECD. OECD Science，Technology and Industry Working Paper. Paris：OECD，2007. http//：www.oecd.org/sti/working-papers.

［6］ Magerman T，B Van Looy，X Sony. Data Production Methods for Harmo-nized Patent Statistics：Patentee Name Harmonization ［R］. KUL Working Paper No.MSI 0605，2006.

［7］ Johnson D. The OECD Technology Concordance （OTC）：Patents by Industry of Manufacture and Sector of Use ［EB/OL］// OECD.OECD Science，Technology and Industry Working Paper. Paris：OECD，2002. http//：www.oecd.org/sti/working-papers.

［8］ Seidel A.A Citation System for Patent Office ［J］. Journal of Patent Office Society，1949（31）：718.

［9］ James Boyle. The Second Enclosure Movement and the Construction of the

Public Domain [J]. Law and Contemporary Problems, 2003 (66): 33-74.

[10] 余盛峰.知识产权全球化：现代转向与法理反思 [J]. 政法论坛, 2014, 32 (6): 3-22.

附录　农业相关专利遴选的分类代码及含义

一、温分类代码

代码	中文含义
C04	肥料，包括尿素和磷酸生产，土壤改性剂和植物生长调节剂，堆肥的化学成分
D11	焙烤；制作或处理面团的设备；焙烤用面团
D12	屠宰；肉品处理；家禽或鱼的加工
D13	保存，如用罐头贮存肉、鱼、蛋、水果、蔬菜、食用种子；水果或蔬菜的化学催熟；保存、催熟或罐装产品
D14	其他类不包含的处理大量收获的水果、蔬菜或花球茎的机械或装置；大量蔬菜或水果的去皮；制备牲畜饲料装置

二、德温特手工代码

小类	小组	中文含义
P11-A	P11-A01	土壤使用手工具工作
P11-A	P11-A02	使用犁土壤工作
P11-A	P11-A03	土壤铁耙工作使用
P11-A	P11-A04	斜
P11-A	P11-A05	耕作
P11-A	P11-A06	挖掘、覆盖沟穴
P11-A	P11-A99	其他类型的土壤工作

（续表）

小类	小组	中文含义
P11-B	P11-B01	施肥土壤
P11-B	P11-B02	其他肥料相关主题
P11-B	P11-B03	治疗与农业土壤的活性
P11-B	P11-B04	治疗与其他类型的土壤化学品/气体/添加剂
P11-B	P11-B05	覆盖土壤
P11-B	P11-B99	其他类型的农业土壤处理过程
P11-C	P11-C01	处理的种子
P11-C	P11-C02	发芽的种子
P11-C	P11-C03	播种和处理的种子
P11-C	P11-C03A	播种
P11-C	P11-C03B	种子处理
P11-C	P11-C04	种植
P11-C	P11-C99	其他类型的农业进程在播种/种植
P11-E	P11-E01	水果和坚果
P11-E	P11-E02	蔬菜等作物
P11-E	P11-E03	谷物和草
P11-E	P11-E04	油籽和水果
P11-E	P11-E05	植物纤维
P11-E	P11-E06	茶、咖啡和香草
P11-E	P11-E07	蘑菇/真菌
P11-E	P11-E08	花
P11-E	P11-E99	其他类型的作物
P11-G	P11-G	清洁、保养/维修的土壤和种植系统工作
P11-T	P11-T01	叶片、齿、光盘
P11-T	P11-T02	框架梁处理
P11-T	P11-T03	取消或调整安排农业机器
P11-T	P11-T04	拖拉机或其他驱动土壤车辆建设工作
P11-T	P11-T99	其他细节的土壤工作机器或工具
P12-A	P12-A01	手工具获取

（续表）

小类	小组	中文含义
P12-A	P12-A02	机器收割，收割
P12-E	P12-E01	水果和坚果
P12-E	P12-E02	蔬菜等作物
P12-E	P12-E03	谷物和草
P12-E	P12-E04	油籽和水果
P12-E	P12-E05	植物纤维
P12-E	P12-E06	茶、咖啡和香草
P12-E	P12-E07	蘑菇/真菌
P12-E	P12-E08	花
P12-E	P12-E99	其他类型的作物
P12-G	P12-G	清洁、保养/维修收割工具和机器
P12-T	P12-T01	输送机和其他交付机制的收获机
P12-T	P12-T02	收割机器筛选和分离机制
P12-T	P12-T03	离心轮、鼓、纺纱
P12-T	P12-T10	安全机制
P12-T	P12-T99	其他收割工具或机器的细节
P13-A	P13-A01	温室种植
P13-A	P13-A01A	监管温室的温度
P13-A	P13-A01B	调节光温室
P13-A	P13-A01C	调节通风/温室气体
P13-A	P13-A01D	调节温室浇水
P13-A	P13-A01E	在温室里监视、测量、测试的方法
P13-A	P13-A01F	用于温室的其他设备或方法
P13-A	P13-A02	植物插座、支持和障碍
P13-A	P13-A02A	盆、浴缸和托盘
P13-A	P13-A02B	格子，支持和障碍
P13-A	P13-A03	林业
P13-A	P13-A04	植物保护的方法和仪器
P13-A	P13-A05	植物营养方法和装置

（续表）

小类	小组	中文含义
P13-A	P13-A06	水供应和管理
P13-A	P13-A07	其他方法生长的植物
P13-A	P13-A08	监测作物的方法和仪器
P13-A	P13-A10	花处理
P13-A	P13-A99	其他园艺和农业方面
P13-B	P13-B01	营养物质的传播
P13-B	P13-B02	新的植物或植物品种
P13-E	P13-E01	水果和坚果
P13-E	P13-E02	蔬菜等作物
P13-E	P13-E03	谷物和草
P13-E	P13-E04	油籽和水果
P13-E	P13-E05	植物纤维
P13-E	P13-E06	茶、咖啡和香草
P13-E	P13-E07	蘑菇/真菌
P13-E	P13-E08	花
P13-E	P13-E99	其他类型的作物
P13-F	P13-F01	挤奶和初级牛奶处理
P13-F	P13-F02	二次牛奶处理
P13-F	P13-F50	乳制品
P13-F	P13-F50A	牛奶
P13-F	P13-F50B	奶油
P13-F	P13-F50C	黄油
P13-F	P13-F50D	奶酪
P13-F	P13-F50X	其他乳制品
P13-F	P13-F99	其他乳制品加工
P13-G	P13-G	清洁、保养/维修的设备
P14-A	P14-A01B	动物训练
P14-A	P14-A02	喂，喝
P14-A	P14-A03	清洗和梳理

（续表）

小类	小组	中文含义
P14-A	P14-A04	动物穿戴
P14-A	P14-A05	动物饲养设备
P14-A	P14-A06	修蹄
P14-A	P14-A07	挤奶
P14-A	P14-A99	其他细节的畜牧业
P14-B	P14-B01	吓到、抓获或杀死的动物
P14-B	P14-B02	钓鱼
P14-E	P14-E01	类的动物
P14-E	P14-E01A	哺乳动物
P14-E	P14-E01B	鸟
P14-E	P14-E01C	鱼
P14-E	P14-E01D	爬行动物
P14-E	P14-E01E	两栖动物
P14-E	P14-E01F	无脊椎动物
P14-E	P14-E02	主要畜力动物
P14-E	P14-E02A	牲畜；农业
P14-E	P14-E02B	家养宠物
P14-E	P14-E02C	实验动物
P14-E	P14-E02X	其他特定用途的动物
P14-G	P14-G	动物保健设备的清洁、维护/维修
P14-X	P14-X	其他细节的动物保健
P15-A	P15-A01	烟草，雪茄和香烟
P15-A	P15-A02	咀嚼烟草，鼻烟
P15-A	P15-A03	非消耗品烟草
P15-A	P15-A09	其他特定类型的烟草
P15-L	P15-L01	烟草种植、灌溉和收获
P15-L	P15-L05	烟草加工
P15-M	P15-M	生产的雪茄和香烟
P15-T	P15-T02	卷烟纸和管

（续表）

小类	小组	中文含义
P15-T	P15-T03	吸烟用具
P15-T	P15-T04	烟草制品的包装
P15-X	P15-X	其他烟草方面
P32-A	P32-A20	兽医
P35-U	P35-U05	农业
P36-A	P36-A07	钓鱼，打猎
P41-U	P41-U05	农业
P41-V	P41-V60A	粮食
P41-V	P41-V60C	水果和蔬菜
P41-V	P41-V60X	其他农产品
P42-U	P42-U05	农业
P43-U	P43-U06	农业
P62-U	P62-U05	农业；日志记录
P62-U	P62-U07	食物
P62-U	P62-U08	烟草
P61-U	P61-U05	农业；日志记录
P71-U	P71-U05	农业
Q15-B	Q15-B04	运输动物/肉
Q19-G	Q19-G	农业车辆
Q24-P	Q24-P04	渔船
Q34-C	Q34-C01A	生肉类/家禽/鱼
Q34-C	Q34-C01B	加工肉类/家禽/鱼
Q34-C	Q34-C02	蔬菜、水果生产
Q34-C	Q34-C02A	蔬菜
Q34-C	Q34-C02B	水果
Q34-C	Q34-C02C	坚果和种子
Q34-C	Q34-C02X	其他蔬菜、水果生产
Q34-C	Q34-C03	谷物
Q34-C	Q34-C04	乳制品

（续表）

小类	小组	中文含义
Q34-C	Q34-C04A	牛奶，酸奶
Q34-C	Q34-C04B	鸡蛋
Q34-C	Q34-C04C	奶酪
Q34-C	Q34-C04X	其他乳制品
Q34-C	Q34-C05	烘焙、糖果、意大利面
Q76-U	Q76-U21E1	干燥食品
Q76-U	Q76-U21E2	干燥植物
S05-V	S05-V	兽医
T06-D	T06-D01A	土壤工作、播种、收割
T06-D	T06-D01B	灌溉，施肥
T06-D	T06-D01C	畜牧业
T06-D	T06-D02	食品、药品和烟草加工
T06-D	T06-D02B	烟草
T06-D	T06-D02C	食物
W04-X	W04-X01K7	钓鱼，打猎
W06-C	W06-C15D1	渔船，渔船
X25-N	X25-N01B	受精，冲洗

三、IPC 分类代码

小类	小组	中文含义
A01B	A01B77/00	提升和处理土壤的机械
A01B	A01B79/00	整地方法
A01C	A01C1/00	在播种或种植前测试或处理种子、根茎或类似物的设备或方法
A01C	A01C3/00	厩肥处理；施厩肥
A01C	A01C5/00	用于播种、种植或施厩肥的开挖沟穴或覆盖沟穴
A01C	A01C7/00	播种

（续表）

小类	小组	中文含义
A01C	A01C9/00	马铃薯种植机
A01C	A01C11/00	移栽机械
A01C	A01C13/00	植株周围固土的机械或设备
A01C	A01C14/00	在本小类的其他组中不包含的用于种植的方法或设备
A01C	A01C15/00	施肥机械
A01C	A01C17/00	带离心轮的施肥机或播种机
A01C	A01C19/00	施肥机或播种机工作部件的驱动装置
A01C	A01C23/00	专门适用于液体厩肥或其他液体肥料，包括氨水的洒布装置，例如运输罐、喷洒车
A01C	A01C21/00	施肥方法
A01D	A01D91/00	农产品的收获方法
A01G	A01G1/00	园艺；蔬菜的栽培
A01G	A01G1/02	芦笋的栽培
A01G	A01G1/04	蘑菇的栽培
A01G	A01G1/06	嫁接
A01G	A01G7/02 ·	用二氧化碳处理植物
A01G	A01G7/04 ·	用电或磁处理植物促进其生长
A01G	A01G7/06 ·	对生长中树木或植物的处理，例如防止木材腐烂、花卉或木材的着色、延长植物的生命
A01G	A01G9/00	在容器、温床或温室里栽培花卉、蔬菜或稻
A01G	A01G16/00	稻的种植
A01G	A01G17/00	啤酒花、葡萄、果树或类似树木的栽培
A01G	A01G25/00	花园、田地、运动场等的浇水
A01G	A01G29/00	根部给水器；将肥料注入根部
A01G	A01G31/00	水培；无土栽培
A01H	A01H1/00	改良基因型的方法
A01H	A01H3/00	改良表现型的方法
A01H	A01H4/00	通过组织培养技术的植物再生
A01H	A01H5/00	有花植物，被子植物

（续表）

小类	小组	中文含义
A01H	A01H9/00	蕨类植物，例如蕨、石松、问荆
A01H	A01H11/00	苔藓植物，例如藓、欧龙芽草
A01H	A01H13/00	藻类
A01H	A01H15/00	真菌；地衣
A01H	A01H17/00	包括一种或多种新植物的共生或寄生组合，例如菌根
A01K	A01K67/00	饲养或养殖其他类不包含的动物；动物新品种
A01K	A01K1/00	动物的房舍；所用设备
A01K	A01K3/00	放牧设备，例如拴系装置、防止牛走失的栅栏、通电围栏
A01K	A01K5/00	家畜和猎兽的饲喂装置
A01K	A01K7/00	家畜或猎兽的饮水装置
A01K	A01K9/00	幼畜哺乳设备
A01K	A01K11/00	动物的标记
A01K	A01K13/00	动物的刷拭或管理装置，例如马梳、距毛环、装尾袋、防止咬饲槽的装置、清洗装置
A01K	A01K14/00	从活羊或类似动物身上取下羊毛或类似的毛
A01K	A01K15/00	动物驯服装置，例如鼻环或拴腿器、翻倒动物的装置、训练或锻炼设备、交配箱
A01K	A01K17/00	去犄角器；犄角整形器
A01K	A01K19/00	断乳器
A01K	A01K21/00	协助或防止交配的装置
A01K	A01K23/00	粪尿袋
A01K	A01K25/00	口套
A01K	A01K27/00	牵绳或项圈，例如狗的
A01K	A01K29/00	畜牧业用的其他设备
A01K	A01K31/00	禽类的房舍
A01K	A01K33/00	留巢卵
A01K	A01K35/00	禽类或其他鸟类的标记
A01K	A01K37/00	约束鸟类装置，例如翅夹
A01K	A01K39/00	家禽或其他鸟类的饲喂或饮水设备

（续表）

小类	小组	中文含义
A01K	A01K41/00	家禽孵化器
A01K	01K43/00	蛋的检验、分级或清洗
A01K	A01K45/00	养禽业的其他设备，例如测定鸟是否将产卵的装置
A01K	A01K47/00	蜂箱
A01K	A01K49/00	育蜂箱；蜂王转移或诱入笼
A01K	A01K51/00	处理蜂箱或其部件的设备，例如清洗或消毒设备
A01K	A01K53/00	蜜蜂的饲喂或饮水设备
A01K	A01K55/00	蜜蜂的熏蒸器；养蜂者的用具，例如面网
A01K	A01K57/00	提供、阻止或捕捉蜂群的设备；雄蜂捕捉装置
A01K	A01K59/00	收蜜
A01J	A01J1/00	用手挤奶的装置或辅助设备
A01J	A01J3/00	用导管挤奶
A01J	A01J5/00	挤奶机械或设备
A01J	A01J7/00	挤奶机械或设备的附件
A01J	A01J9/00	盛奶器
A01L	A01L1/00	用于马或其他单蹄兽的用钉子固定的蹄铁
A01L	A01L3/00	不用钉子而用其他方法固定的马掌，用或不用钉子进行辅助加固的
A01L	A01L5/00	用弹性材料制成的马掌
A01L	A01L7/00	钉蹄铁用的附件
A01L	A01L9/00	其他动物用的蹄铁，例如牛用的
A01L	A01L11/00	蹄铁工用的工具和设备
A01L	A01L13/00	动物钉蹄钉时用的围栏
A01L	A01L15/00	保护兽蹄用的设备或物质的使用
A01N	A01N1/02 ·	活体部分的保存
A22B	A22B1/00	束缚待宰牲畜用的装置
A22B	A22B3/00	屠宰或击昏
A22B	A22B5/00	屠宰中或屠宰后使用的附件

（续表）

小类	小组	中文含义
A22B	A22B7/00	屠宰厂设备
A23K		专门适用于动物的喂养饲料；其生产方法
A23N	A23N17/00	专用于制备牲畜饲料的设备装置
A01G	A01G33/00	海菜的栽培
A01H	A01H13/00	藻类
A01K	A01K61/00	鱼类、贻贝、蝲蛄、龙虾、海绵、珍珠等的养殖
A01K	A01K63/00	装活鱼的容器，例如水族槽；陆地动物培养场
A01K	A01K65/00	捕获的鱼的串接装置
A01K	A01K69/00	定置渔具
A01K	A01K71/00	浮式渔网
A01K	A01K73/00	拖曳式渔网
A01K	A01K74/00	其他捕鱼网具或类似渔具
A01K	A01K75/00	渔网辅具；渔网零部件
A01K	A01K77/00	捕鱼用抄网；捕鱼用捞网
A01K	A01K79/00	各组中不包含的批量捕鱼的方法或工具
A01K	A01K80/00	捕获牡蛎、贻贝、海绵等
A01K	A01K81/00	投射物捕鱼
A01K	A01K83/00	鱼钩
A01K	A01K85/00	人造鱼饵料
A01K	A01K87/00	钓鱼竿
A01K	A01K89/00	钓鱼用绕线轮
A01K	A01K91/00	钓鱼线
A01K	A01K93/00	带有或不带有信号装置的钓鱼浮子
A01K	A01K95/00	钓鱼用的沉子
A01K	A01K97/00	钓鱼用的附件
A01K	A01K99/00	不包含的用于捕鱼的方法或设备
A61D		兽医用仪器、器械、工具或方法

（续表）

小类	小组	中文含义
B63B	B63B35/14 ·	渔船
B63B	B63B35/16 · ·	拖网渔船
B63B	B63B35/24 · ·	鱼舱
B63B	B63B35/26 · · ·	用于活鱼的
G01S	G01S15/96 ·	用于鱼群探测
G06Q	G06Q50/02 ·	农业；渔业；矿业
A01F	A01F5/00	脱粒的手动工具
A01F	A01F7/00	脱粒设备
A01F	A01F11/00	专门适用于玉米的脱粒设备；专门适用于除谷物之外的特种农作物脱粒设备
A01F	A01F12/00	脱粒设备的部件或零件
A01F	A01F17/00	脱粒机械或压捆机械的禾秆输送装置
A01F	A01F19/00	使脱粒机械或压捆机械能平稳安放在地面的装置，如用于弥补地面不平的装置
A01F	A01F21/00	用于脱粒机或压捆机的保护人的装置
A01F	A01F25/00	农业或园艺产品的储藏；收获水果的悬挂
A01J	A01J11/00	处理奶的设备
A01J	A01J13/00	处理奶油的容器
A01J	A01J15/00	提制黄油
A01J	A01J17/00	黄油或类似物的揉制机
A01J	A01J19/00	黄油块或类似物成型的手动工具
A01J	A01J21/00	黄油块或类似物成型的机械
A01J	A01J23/00	大块黄油或类似物的分割装置
A22C	A22C5/00	混合肉、香肠肉或肉制品用的设备
A22C	A22C7/00	捣碎、成型或压制肉、香肠肉或肉制品用的设备
A22C	A22C9/00	使肉变柔软用的设备，例如火腿
A22C	A22C15/00	悬挂肉类或香肠用的设备
A22C	A22C17/00	其他加工肉或骨的装置

（续表）

小类	小组	中文含义
A22C	A22C18/00	加工肉类的车间、工厂或类似设施
A22C	A22C21/00	家禽加工
A22C	A22C25/00	加工鱼
A22C	A22C29/00	加工甲壳类，例如牡蛎或龙虾
A23B	A23B4/00	保存肉、香肠、鱼或鱼制品的一般方法
A23B	A23B5/00	保存蛋或蛋制品
A23B	A23B7/00	水果或蔬菜的保存或化学催熟
A23B	A23B9/00	保存食用种子，例如谷类
A23C		乳制品，例如奶、黄油、干酪；奶或干酪的代用品；其制备
A23D		食用油或脂肪，例如人造奶油、松酥油脂、烹饪用油
A23F	A23F3/06 ·	提取前的茶处理；由此产生的配制品
A23F	A23F3/40 ·	茶香料；茶油；对茶或茶萃出物进行增香处理
A23F	A23F3/36 ·	减少或去除生物碱含量；由此产生的配制品；其提取物或泡剂
A23L	A23L1/20 ·	豆类植物，即豆科植物果实的处理，用于制造食品或饲料；豆类产品的制备；快速烹煮此类食品的化学方法，例如以磷酸盐处理
A23L	A23L1/212 ·	水果或蔬菜制备
A23L	A23L1/31 ·	肉类制品；肉食
A23L	A23L1/32 ·	蛋制品
A23L	A23L1/325 ·	水产食物制品；鱼类制品；鱼肉；鱼卵代用品
A23L	A23L1/36 ·	主要含有坚果仁或籽成分的食品
A23L	A23L1/172 · ·	谷物幼芽制品
A23L	A23L1/025 ·	物理处理，例如用波动能、辐射、电的方法、磁场
A23L	A23L3/00	食品或食料的一般保存，例如专门适用于食品或食料的巴氏法灭菌、杀菌
A23N	A23N1/00	汁液提取机械或装置
A23N	A23N3/00	以进料装置为特征的水果去芯或去核机械
A23N	A23N4/00	以去核或除籽装置为特征的水果去核或去除含籽部分的机械

（续表）

小类	小组	中文含义
A23N	A23N5/00	用于去壳、去荚或敲破坚果的机械
A23N	A23N7/00	蔬菜或水果的去皮
A23N	A23N11/00	从梗中去除髓
A23N	A23N12/00	用于清洁、漂白、干燥或烘焙果实或蔬菜，例如处理咖啡、可可、坚果的机械
A23N	A23N15/00	为人类应用目的的其他处理水果或蔬菜的机械或装置；花球茎的剪顶或脱皮的机械装置
A24B	A24B1/00	在种植园内制备烟草
A24B	A24B3/00	在烟厂内制备烟草
A24B	A24B5/00	烟叶除梗；处理烟梗或叶脉
B02B	B02B1/00	谷物碾磨或类似加工的准备
B02B	B02B3/00	去荚，脱壳，脱皮；光整；去芒；去胚芽
B02B	B02B5/00	其他类目中不包含的谷物处理
B02C	B02C1/00	用往复元件破碎或粉碎
B02C	B02C2/00	应用回转破碎机或圆锥破碎机的破碎和粉碎
B02C	B02C4/00	应用辊子碾磨机的破碎或粉碎
B02C	B02C4/02	具有两个或两个以上的辊子
B02C	B02C4/06	专门适用于碾磨谷物
B02C	B02C4/08	与波纹状或齿状碾磨辊子一起动作的
B02C	B02C4/16	专门适用于碾磨谷物
B02C	B02C4/24	专门适用于碾磨谷物
B02C	B02C4/28	零件
B02C	B02C4/30	辊子的形状或构造
B02C	B02C4/32	碾磨元件的调节，加压或控制其间的距离
B02C	B02C4/38	在谷物碾磨机内
B02C	B02C4/40	清除器，例如刮刀
B02C	B02C4/42	驱动机构；辊子速度控制

（续表）

小类	小组	中文含义
B02C	B02C7/00	应用圆盘式碾磨机的碾碎和粉碎
B02C	B02C7/02	具有同轴圆盘的
B02C	B02C7/04	有内啮合齿同心圆的
B02C	B02C7/06	有水平轴的
B02C	B02C7/08	有垂直轴的
B02C	B02C7/10	具有偏心圆盘的
B02C	B02C7/11	零件
B02C	B02C7/12	圆盘的形状与构造
B02C	B02C7/13	用于谷物碾磨机的
B02C	B02C7/14	圆盘的调节，加压或控制其间的距离
B02C	B02C7/16	驱动机构
B02C	B02C7/18	专门适用于谷物的圆盘式碾磨机
B02C	B02C9/00	专门适用于谷物的其他碾磨方法或碾磨机
B02C	B02C11/00	专门适用于谷物碾磨机的其他辅助装置或附件
B02C	B02C13/00	应用有转动锤元件的碾磨机来粉碎
B02C	B02C15/00	应用滚子或球与环或盘联合动作的碾磨元件进行粉碎
B02C	B02C17/00	用圆筒形磨碎机，即具有盛放被粉碎材料的容器的碾磨机，带有或不带有卵石或球样的粉碎专用件进行粉碎
B02C	B02C18/00	用刀或其他切割或扯裂机件来把物料分裂成碎片
B02C	B02C19/00	其他粉碎装置或方法
B02C	B02C21/00	带有或不带有材料烘干的粉碎设备
B02C	B02C23/00	辅助方法或辅助装置或附件——未包含 B02C1/00 至 B02C21/00 组中的专门适用于破碎或粉碎的，或者不是专门适用于仅包含在 B02C1/00 至 B02C21/00 某一组中的装置
B02C	B02C25/00	专门适用于破碎或粉碎的控制装置
C09H		动物胶或明胶的制备
C11B	C11B1/00	从原料生产脂肪或脂油

（续表）

小类	小组	中文含义
C11B	C11B3/00	脂肪或脂油的精制
C11B	C11B5/00	用添加剂，例如用抗氧剂进行保藏
C11B	C11B7/00	脂肪或脂油混合物分离成它们的组分，例如饱和脂肪酸与不饱和脂肪酸分离
C11B	C11B11/00	其他脂肪物质，例如羊毛脂、蜡的回收或精制
C11B	C11B15/00	用物理方法固化油脂、脂肪或蜡
C13B	C13B5/00	破碎提取糖的原料
C13B	C13B10/00	糖汁的生产
C13B	C13B15/00	从已提取糖的材料中压榨水分
C13B	C13B20/00	蔗糖汁的净化
D01C	D01C1/00	植物原料的处理
D01C	D01C3/00	动物原料的处理，例如化学洗毛
D01C	D01C5/00	碳化破碎的毛呢块，回收动物纤维
G01N	G01N33/02 ·	食物
G01N	G01N33/03 · ·	食用油或食用脂
G01N	G01N33/04 · ·	牛乳制品
G01N	G01N33/08 · ·	蛋的分级，例如用光照
G01N	G01N33/10 · ·	含淀粉的物质，例如面团
G01N	G01N33/12 · ·	肉；鱼
G01N	G01N33/14 · ·	饮料
G01N	G01N5/04 ·	通过除去某种组分，例如通过蒸发，并称量其剩余物
A21B	A21B1/00	食品烤炉
A21B	A21B2/00	使用高频或红外加热的焙烤设备
A21B	A21B3/00	烤炉的部件或附件
A21C	A21C1/00	制备面团用的混合或搓揉机械
A21C	A21C3/00	用作分切前成批面团成型的机械或设备

（续表）

小类	小组	中文含义
A21C	A21C5/00	分切面团机械
A21C	A21C7/00	用搓揉以外的加工法使分切后的面团均匀化的机械
A21C	A21C11/00	在烹调或焙烤前使面团最终成型的其他机械
A21C	A21C13/00	面团发酵器，即使面团膨胀的设备
A21D	A21D2/00	焙烤前或焙烤期间通过添加材料来处理面粉或面团
A21D	A21D4/00	焙烤前在惰性气体环境中贮存以保存面粉或面团
A21D	A21D6/00	在焙烤前面粉或面团的其他处理方法，例如冷却、辐射、加热
A21D	A21D8/00	制备面团或焙烤方法
A21D	A21D10/00	在焙烤前的稀面糊、面团或混合物
A21D	A21D13/00	焙烤成品或半成品
A21D	A21D15/00	保存焙烤成品；改进
A21D	A21D17/00	使焙烤食品恢复新鲜
A01B	A01B1/00	手动工具
A01B	A01B3/00	装有固定式犁铧的犁
A01B	A01B5/00	带有非驱动式滚动工作部件的犁，例如圆盘犁
A01B	A01B7/00	作为犁或耙或类似机件使用的圆盘式整地机具
A01B	A01B9/00	带有驱动式旋转工作部件的犁
A01B	A01B11/00	带有振动、挖掘或穿孔工作部件的犁
A01B	A01B13/00	专门用途的犁或类似的机具
A01B	A01B15/00	犁的构件、工作部件或零件
A01B	A01B17/00	带专用附属装置的犁，例如带土下施肥工具、碎土器的犁
A01B	A01B19/00	带非旋转式工作部件的耙
A01B	A01B21/00	带非驱动式旋转工作部件的耙
A01B	A01B23/00	耙的构件、工作部件或零件
A01B	A01B25/00	带有专门附属装置的耙，例如撒播肥料的装置；专门用途的耙
A01B	A01B27/00	土块压碎机

（续表）

小类	小组	中文含义
A01B	A01B29/00	镇压器
A01B	A01B31/00	耢
A01B	A01B33/00	带驱动式旋转工作部件的耕作机具
A01B	A01B35/00	其他整地机械
A01B	A01B37/00	疏松被车轮等压实的土壤的装置
A01B	A01B39/00	专门适用于长有作物的土地整地的其他专用机械
A01B	A01B41/00	间苗机械
A01B	A01B43/00	除去土壤中石头、不需要的残根或类似杂物的收集机，例如用拖拉机牵引的堆积机
A01B	A01B45/00	草地或草坪处理机械
A01B	A01B47/00	利用工作部件和土壤之间电压差整地
A01B	A01B49/00	联合作业机械
A01B	A01B51/00	专门用于安装各种农业机具或装置的底盘
A01B	A01B59/00	专门适用于牲畜或拖拉机与农业机具之间连接的装置
A01B	A01B61/00	用于防止农机具过载的装置或农机具防止过载的部件
A01B	A01B63/00	农机或农具的提升或调整装置或机构
A01B	A01B67/00	通过工作部件的阻力控制拖拉机发动机的装置
A01B	A01B69/00	农业机械或农具的转向机构；在所要求的轨道上导引农机具
A01B	A01B71/00	安装或调整机构、机具或工作部件的驱动装置或动力输出轴的结构或布置；部件防尘或防类似物的装置；农用机械专用部件
A01B	A01B73/00	农业机械或机具的简便运输工具或装置，例如减小总体宽度的折叠机架
A01B	A01B75/00	支撑正在田间工作，如间甜菜苗人员的运载工具
A01B	A01B76/00	在组 A01B51/00 至 A01B75/00 中不包含的农业机械或农具的其他部件、零件或附件
A01D	A01D1/00	收获用手割工具
A01D	A01D3/00	用于长柄大镰刀、镰刀或类似物的无磨料刃磨装置

（续表）

小类	小组	中文含义
A01D	A01D5/00	收获时用的磨刀石容器
A01D	A01D7/00	耧耙
A01D	A01D9/00	叉
A01D	A01D11/00	其他手动工具
A01D	A01D13/00	挖掘机，例如马铃薯挖掘犁
A01D	A01D15/00	有筛子但没有输送装置的挖掘机械
A01D	A01D17/00	带有筛和输送装置的挖掘机械
A01D	A01D19/00	带有离心轮、滚筒或抛掷器的挖掘机械
A01D	A01D21/00	带有马铃薯捡拾装置的挖掘机械
A01D	A01D23/00	去顶机械
A01D	A01D25/00	挖掘甜菜类作物的机械
A01D	A01D27/00	同时带有去顶和挖掘机构的机械
A01D	A01D29/00	花生收获机
A01D	A01D31/00	其他挖掘收获机械
A01D	A01D33/00	挖掘式收获机的附件
A01D	A01D34/00	割草机；收割机的收割装置
A01D	A01D37/00	割捆机
A01D	A01D39/00	单独打捆机，例如捆干草用；与割草机可连接的打捆机
A01D	A01D41/00	联合收割机，即与脱粒装置联合的收割机或割草机
A01D	A01D42/00	可变换成用于收割目的之外的设备的割草机；能够进行收割之外作业的割草机
A01D	A01D43/00	在收割时与执行附加操作的设备联合的割草机
A01D	A01D44/00	水下植物的收获，例如海菜的收获
A01D	A01D45/00	生长作物的收获
A01D	A01D46/00	水果、蔬菜、啤酒花或类似作物的采摘；振摇树木或灌木的装置
A01D	A01D47/00	收割台

（续表）

小类	小组	中文含义
A01D	A01D51/00	用于收集落在地上的果实，例如收集苹果、甜菜、坚果、马铃薯的装置
A01D	A01D57/00	收割机或割草机的输送装置
A01D	A01D59/00	捆扎收获或割下产品的设备
A01D	A01D61/00	打捆机或联合收获机的升运器或输送器
A01D	A01D63/00	外分禾器
A01D	A01D65/00	谷类作物扶禾器
A01D	A01D67/00	专门适用于收割机或割草机的底盘或机架；工作台
A01D	A01D69/00	收割机或割草机的驱动机构或其部件
A01D	A01D75/00	收割机或割草机的附件
A01D	A01D76/00	干草摊晒机，其耧齿在操作时相对于机械是固定的，但在倾卸时却可以升起
A01D	A01D78/00	干草摊晒机，其耧齿相对于机械是活动的
A01D	A01D80/00	干草摊晒机的部件或零件
A01D	A01D82/00	作物处理机，即破碎或研碎禾秆的机械
A01D	A01D84/00	不包括在 A01D76/00 至 A01D82/00 任一组内的干草摊晒机
A01D	A01D85/00	堆垛设备
A01D	A01D87/00	干草或类似大田作物的装载机
A01D	A01D89/00	捡拾装载机、茎秆切碎机、压捆机、田间脱粒机或类似机械的捡拾装置
A01D	A01D90/00	带自装或自卸装置的收获作物装运车辆
A01D	A01D93/00	本小类其他组中不包括的收获设备
A01D	A01D101/00	草坪割草机
A01F	A01F1/00	禾秆、干草或类似物形成捆或打捆的固定装置或手动工具
A01F	A01F3/00	切碎禾秆、干草或类似物的手动工具
A01F	A01F13/00	手动打捆设备
A01F	A01F15/00	禾秆、干草或类似物的压捆机

（续表）

小类	小组	中文含义
A01F	A01F29/00	专门适用于切割干草、禾秆或类似物的切割设备
A01G	A01G3/00	园艺专用的切割工具；立木打枝
B64D	B64D1/18··	通过喷射，例如喷洒杀虫剂
E04H	E04H7/22·	可流动固体颗粒用的容器，例如筒仓或料斗仓；其支撑装置
E04H	E04H5/08·	农业用建筑物或建筑群
C09K	C09K17/00	土壤调节材料或土壤稳定材料
C05B	C05B	磷肥
C05C	C05C	氮肥
C05D	C05D	不包含在 C05B、C05C 小类中的无机肥料；产生二氧化碳的肥料
C05F	C05F	不包含在 C05B、C05C 小类中的有机肥料，例如用废物或垃圾制成的肥料
C05G	C05G	分属于 C05 大类下各小类中肥料的混合物；由一种或多种肥料与无特殊肥效的物质，例如农药、土壤调理剂、润湿剂所组成的混合物；以形状为特征的肥料
A62D	A62D101/04·	农药，例如杀虫剂、除草剂、杀真菌剂或杀线虫剂
B64D	B64D1/18··	通过喷射，例如喷洒杀虫剂
H05C	H05C	为杀伤、击昏、围困或诱导生物的设备专门设计的电路或设备
B09C	B09C	污染的土壤的再生
E02B	E02B11/00	土壤排水，例如用于农业的土壤排水
A01G	A01G15/00	影响天气条件的装置或方法
C12N	C12N15/09·	DNA 重组技术
C12N	C12N15/05	植物细胞
C12N	C12N15/29	编码植物蛋白质，例如奇甜蛋白的基因
C12N	C12N15/82	用于植物细胞
C12N	C12N15/83	病毒载体，例如花椰菜花叶病毒
C12N	C12N15/84	Ti-质粒

（续表）

小类	小组	中文含义
C12N	C12N15/87	使用其他类目中不包含的方法引入外来遗传物质
C12N	C12N15/89	使用微量注射法
C12N	C12N15/90	将外来 DNA 稳定地引入染色体中
C12N	C12N15/06	动物细胞
C12N	C12N15/85	用于动物细胞
C12N	C12N15/86	病毒载体
C12N	C12N15/861	腺病毒载体
C12N	C12N15/863	痘病毒载体，例如痘苗病毒
C12N	C12N15/864	细小病毒载体
C12N	C12N15/866	杆状病毒载体
C12N	C12N15/867	逆转录病毒载体
C12N	C12N15/869	疱疹病毒载体
C12N	C12N15/873	产生新胚胎的技术，例如核移植、操纵全能细胞、生产嵌合胚胎
C12N	C12N15/877	产生新哺乳动物克隆胚胎的技术
C12N	C12N15/88	使用微胶囊，例如使用脂质体囊
C12Q	C12Q1/68	包括核酸
C12N	C12N5/04 ·	植物细胞或组织
C12N	C12N5/10 ·	经引入外来遗传物质而修饰的细胞，例如病毒转化的细胞
C12N	C12N1/00	微生物本身（例如原生动物），及其组合物
C07K	C07K1/14 ·	提取；分离；纯化
C07K	C07K14/415 ·	来自植物
C07K	C07K14/44 · ·	来自原生动物门
C07K	C07K14/46 · ·	来自脊椎动物
C12N	C12N15/63 · ·	使用载体引入外来遗传物质；载体；其宿主的使用；表达的调节

（续表）

小类	小组	中文含义
C12N	C12N15/11・・	DNA 或 RNA 片段；其修饰形成
C12N	C12N5/07・	动物细胞或组织
C12N	C12N15/12・・・	编码动物蛋白质的基因
C12N	C12N15/10	分离、制备或纯化 DNA 或 RNA 的方法
C12N	C12N15/31・・・	编码微生物蛋白质，例如内毒素的基因
C12N	C12N15/56・・・	作用于糖基化合物上，例如淀粉酶、半乳糖苷酶、溶菌酶
C12N	C12N15/62・・・	编码融合蛋白质的 DNA 序列
C12N	C12N15/81・・・	用于酵母
C12R	C12R1/93・・	动物病毒
C12R	C12R1/19・・・	大肠杆菌
C12R	C12R1/84・・	毕赤酵母属
C12R	C12R1/07・・	芽孢杆菌属
C12R	C12R1/91・	细胞系
C12R	C12R1/645・	真菌
C12Q	C12Q1/70・	包括病毒或噬菌体
C12Q	C12Q1/04・・	微生物的存在或种类的测定；用于试验抗生素或杀菌剂的选择性培养基的使用；其含化学指示剂的组合物
C12N	C12N7/01・	以引入外来基因材料修饰的病毒，例如噬菌体

注：IPC 分类小组中的“・”圆点及其数量指明该 IPC 小组的等级位置，即指明每一个小组是它上面离它最近的、又比它少一个圆点的小组的细分类。

四、CPC 分类代码

小类	小组	中文含义
A01B	A01B 77/00	提升和处理土壤的机械

（续表）

小类	小组	中文含义
A01B	A01B 79/00	整地方法
A01C	A01C 1/00	在播种或种植前测试或处理种子、根茎或类似物的设备或方法
A01C	A01C 3/00	厩肥处理；施厩肥
A01C	A01C 5/00	用于播种、种植或施厩肥的开挖沟穴或覆盖沟穴
A01C	A01C 7/00	播种
A01C	A01C 9/00	马铃薯种植机
A01C	A01C 11/00	移栽机械
A01C	A01C 13/00	植株周围固土的机械或设备
A01C	A01C 14/00	在本小类的其他组中不包含的种植方法或设备
A01C	A01C 15/00	施肥机械
A01C	A01C 17/00	带离心轮的施肥机或播种机
A01C	A01C 19/00	施肥机或播种机工作部件的驱动装置
A01C	A01C 21/00	专门适用于液体厩肥或其他液体肥料，包括氨水的洒布装置，例如运输罐、喷洒车
A01C	A01C 23/00	施肥方法
A01D	A01D 91/00	农产品的收获方法
A01G	A01G 1/00	园艺；蔬菜的栽培
A01G	A01G 1/02	芦笋的栽培
A01G	A01G 1/04	蘑菇的栽培
A01G	A01G 1/06	嫁接
A01G	A01G 7/02	用二氧化碳处理植物
A01G	A01G 7/04	用电或磁处理植物促进其生长
A01G	A01G 7/06	对生长中树木或植物的处理，例如防止木材腐烂、花卉或木材的着色、延长植物的生命
A01G	A01G 9/00	在容器、温床或温室里栽培花卉、蔬菜或稻
A01G	A01G 16/00	稻的种植
A01G	A01G 17/00	啤酒花、葡萄、果树或类似树木的栽培
A01G	A01G 25/00	花园、田地、运动场等的浇水

（续表）

小类	小组	中文含义
A01G	A01G 29/00	根部给水器；将肥料注入根部
A01G	A01G 31/00	水培；无土栽培
A01H	A01H 1/00	改良基因型的方法
A01H	A01H 3/00	改良表现型的方法
A01H	A01H 4/00	通过组织培养技术的植物再生
A01H	A01H 5/00	有花植物，被子植物
A01H	A01H 9/00	蕨类植物，例如蕨、石松、问荆
A01H	A01H 11/00	苔藓植物，例如藓、欧龙芽草
A01H	A01H 13/00	藻类
A01H	A01H 15/00	真菌；地衣
A01H	A01H 17/00	包括一种或多种新植物的共生或寄生组合，例如菌根
A01K	A01K 67/00	饲养或养殖其他类不包含的动物；动物新品种
A01K	A01K 1/00	动物的房舍；所用设备
A01K	A01K 3/00	放牧设备，例如拴系装置、防止牛走失的栅栏、通电围栏
A01K	A01K 5/00	家畜和猎兽的饲喂装置
A01K	A01K 7/00	家畜或猎兽的饮水装置
A01K	A01K 9/00	幼畜哺乳设备
A01K	A01K 11/00	动物的标记
A01K	A01K 13/00	动物的刷拭或管理装置，例如马梳、距毛环、装尾袋、防止咬饲槽的装置、清洗装置
A01K	A01K 14/00	从活羊或类似动物身上取下羊毛或类似的毛
A01K	A01K 15/00	动物驯服装置，例如鼻环或拴腿器、翻倒动物的装置、训练或锻炼设备、交配箱
A01K	A01K 17/00	去犄角器；犄角整形器
A01K	A01K 19/00	断乳器
A01K	A01K 21/00	协助或防止交配的装置
A01K	A01K 23/00	粪尿袋
A01K	A01K 25/00	口套

（续表）

小类	小组	中文含义
A01K	A01K 27/00	牵绳或项圈，例如狗的
A01K	A01K 29/00	畜牧业用的其他设备
A01K	A01K 31/00	禽类的房舍
A01K	A01K 33/00	留巢卵
A01K	A01K 35/00	禽类或其他鸟类的标记
A01K	A01K 37/00	约束鸟类装置，例如翅夹
A01K	A01K 39/00	家禽或其他鸟类的饲喂或饮水设备
A01K	A01K 41/00	家禽孵化器
A01K	A01K 43/00	蛋的检验、分级或清洗
A01K	A01K 45/00	养禽业的其他设备，例如测定鸟是否将产卵的装置
A01K	A01K 47/00	蜂箱
A01K	A01K 49/00	育蜂箱；蜂王转移或诱入笼
A01K	A01K 51/00	处理蜂箱或其部件的设备，例如清洗或消毒设备
A01K	A01K 53/00	蜜蜂的饲喂或饮水设备
A01K	A01K 55/00	蜜蜂的熏蒸器；养蜂者的用具，例如面网
A01K	A01K 57/00	提供、阻止或捕捉蜂群的设备；雄蜂捕捉装置
A01K	A01K 59/00	收蜜
A01J	A01J 1/00	用手挤奶的装置或辅助设备
A01J	A01J 3/00	用导管挤奶
A01J	A01J 5/00	挤奶机械或设备
A01J	A01J 7/00	挤奶机械或设备的附件
A01J	A01J 9/00	盛奶器
A01L	A01L 1/00	用于马或其他单蹄兽的用钉子固定的蹄铁
A01L	A01L 3/00	不用钉子而用其他方法固定的马掌，用或不用钉子进行辅助加固的马掌
A01L	A01L 5/00	用弹性材料制成的马掌
A01L	A01L 7/00	钉蹄铁用的附件

（续表）

小类	小组	中文含义
A01L	A01L 9/00	其他动物用的蹄铁，例如牛用的蹄铁
A01L	A01L 11/00	蹄铁工用的工具和设备
A01L	A01L 13/00	动物钉蹄钉时用的围栏
A01L	A01L 15/00	保护兽蹄用的设备或物质的使用
A01N	A01N 1/02.	活体部分的保存
A22B	A22B 1/00	束缚待宰牲畜用的装置
A22B	A22B 3/00	屠宰或击昏
A22B	A22B 5/00	屠宰中或屠宰后使用的附件
A22B	A22B 7/00	屠宰厂设备
A23K		专门适用于动物的喂养饲料；其生产方法
A23N	A23N 17/00	专用于制备牲畜饲料的设备装置
A01G	A01G 33/00	海菜的栽培
A01H	A01H 13/00	藻类
A01K	A01K 61/00	鱼类、贻贝、蝲蛄、龙虾、海绵、珍珠等的养殖
A01K	A01K 63/00	装活鱼的容器，例如水族槽；陆地动物养殖场
A01K	A01K 65/00	捕获的鱼的串接装置
A01K	A01K 69/00	定置渔具
A01K	A01K 71/00	浮式渔网
A01K	A01K 73/00	拖曳式渔网
A01K	A01K 74/00	其他捕鱼网具或类似渔具
A01K	A01K 75/00	渔网辅具；渔网零部件
A01K	A01K 77/00	捕鱼用抄网；捕鱼用捞网
A01K	A01K 79/00	各组中不包含的批量捕鱼的方法或工具
A01K	A01K80/00	捕获牡蛎、贻贝、海绵等
A01K	A01K81/00	投射物捕鱼
A01K	A01K83/00	鱼钩

（续表）

小类	小组	中文含义
A01K	A01K85/00	人造鱼饵料
A01K	A01K87/00	钓鱼竿
A01K	A01K89/00	钓鱼用绕线轮
A01K	A01K91/00	钓鱼线
A01K	A01K93/00	带有或不带有信号装置的钓鱼浮子
A01K	A01K95/00	钓鱼用的沉子
A01K	A01K97/00	钓鱼用的附件
A01K	A01K99/00	不包含的用于捕鱼的方法或设备
A61D		兽医用仪器、器械、工具或方法
B63B	B63B35/14 ·	渔船
B63B	B63B35/16 · ·	拖网渔船
B63B	B63B35/24 · ·	鱼舱
B63B	B63B35/26 · · ·	用于活鱼的
G01S	G01S15/96 ·	用于鱼群探测
G06Q	G06Q50/02 ·	农业；渔业；矿业
A01F	A01F5/00	脱粒的手动工具
A01F	A01F7/00	脱粒设备
A01F	A01F11/00	专门适用于玉米的脱粒设备；专门适用于除谷物之外的特种农作物的脱粒设备
A01F	A01F12/00	脱粒设备的部件或零件
A01F	A01F17/00	脱粒机械或压捆机械的禾秆输送装置
A01F	A01F19/00	使脱粒机械或压捆机械能平稳安放在地面的装置，例如用于弥补地面不平的装置
A01F	A01F21/00	用于脱粒机或压捆机的保护人的装置
A01F	A01F25/00	农业或园艺产品的储藏；收获水果的悬挂
A01J	A01J11/00	处理奶的设备
A01J	A01J13/00	处理奶油的容器
A01J	A01J15/00	提制黄油

（续表）

小类	小组	中文含义
A01J	A01J17/00	黄油或类似物的揉制机
A01J	A01J19/00	黄油块或类似物成型的手动工具
A01J	A01J21/00	黄油块或类似物成型的机械
A01J	A01J23/00	大块黄油或类似物的分割装置
A22C	A22C5/00	混合肉、香肠肉或肉制品用的设备
A22C	A22C7/00	捣碎、成型或压制肉、香肠肉或肉制品用的设备
A22C	A22C9/00	使肉变柔软用的设备，例如火腿
A22C	A22C15/00	悬挂肉类或香肠用的设备
A22C	A22C17/00	其他加工肉或骨的装置
A22C	A22C18/00	加工肉类的车间、工厂或类似设施
A22C	A22C21/00	家禽加工
A22C	A22C25/00	加工鱼
A22C	A22C29/00	加工甲壳类，例如牡蛎或龙虾
A23B	A23B4/00	保存肉、香肠、鱼或鱼制品的一般方法
A23B	A23B5/00	保存蛋或蛋制品
A23B	A23B7/00	水果或蔬菜的保存或化学催熟
A23B	A23B9/00	保存食用种子，例如谷类
A23C		乳制品，如奶、黄油、干酪；奶或干酪的代用品；其制备
A23D		食用油或脂肪，例如人造奶油、松酥油脂、烹饪用油
A23F	A23F3/06 ·	提取前的茶处理；由此产生的配制品
A23F	A23F3/40 ·	茶香料；茶油；对茶或茶萃出物进行增香处理
A23F	A23F3/36 ·	减少或去除生物碱含量；由此产生的配制品；其提取物或泡剂
A23L	A23L1/20 ·	豆类植物，即豆科植物果实的处理，用于制造食品或饲料；豆类产品的制备；快速烹煮此类食品的化学方法，例如以磷酸盐处理
A23L	A23L1/212 ·	水果或蔬菜制备
A23L	A23L1/31 ·	肉类制品；肉食
A23L	A23L1/32 ·	蛋制品

（续表）

小类	小组	中文含义
A23L	A23L1/325 ·	水产食物制品；鱼类制品；鱼肉；鱼卵代用品
A23L	A23L1/36 ·	主要含有坚果仁或籽成分的食品
A23L	A23L1/172 · ·	谷物幼芽制品
A23L	A23L1/025 ·	物理处理，例如用微波、辐射、电、磁场
A23L	A23L3/00	食品或食料的一般保存，例如专门适用于食品或食料的巴氏法灭菌、杀菌
A23N	A23N1/00	汁液提取机械或装置
A23N	A23N3/00	以进料装置为特征的水果去芯或去核机械
A23N	A23N4/00	以去核或除籽装置为特征的水果去核或去除含籽部分的机械
A23N	A23N5/00	用于去壳、去荚或敲破坚果的机械
A23N	A23N7/00	蔬菜或水果的去皮
A23N	A23N11/00	从梗中去除髓
A23N	A23N12/00	用于清洁、漂白、干燥或烘焙水果或蔬菜，例如咖啡、可可、坚果的机械
A23N	A23N15/00	其他处理水果或蔬菜的机械或装置；花球茎的剪顶或脱皮的机械装置
A24B	A24B1/00	在种植园内制备烟草
A24B	A24B3/00	在烟厂内制备烟草
A24B	A24B5/00	烟叶除梗；处理烟梗或叶脉
B02B	B02B1/00	谷物碾磨或类似加工的准备
B02B	B02B3/00	去荚，脱壳，脱皮；光整；去芒；去胚芽
B02B	B02B5/00	其他类目中不包含的谷物处理
B02C	B02C1/00	用往复元件破碎或粉碎
B02C	B02C2/00	应用回转破碎机或圆锥破碎机的破碎和粉碎
B02C	B02C4/00	应用辊子碾磨机的破碎或粉碎
B02C	B02C4/02	具有两个或两个以上的辊子
B02C	B02C4/06	专门适用于碾磨谷物
B02C	B02C4/08	与波纹状或齿状碾磨辊子一起动作的

（续表）

小类	小组	中文含义
B02C	B02C4/16	专门适用于碾磨谷物
B02C	B02C4/24	专门适用于碾磨谷物
B02C	B02C4/28	零件
B02C	B02C4/30	辊子的形状或构造
B02C	B02C4/32	碾磨元件的调节，加压或控制其间的距离
B02C	B02C4/38	在谷物碾磨机内
B02C	B02C4/40	清除器，例如刮刀
B02C	B02C4/42	驱动机构；辊子速度控制
B02C	B02C7/00	应用圆盘式碾磨机的碾碎和粉碎
B02C	B02C7/02	具有同轴圆盘的
B02C	B02C7/04	有内啮合齿同心圆的
B02C	B02C7/06	有水平轴的
B02C	B02C7/08	有垂直轴的
B02C	B02C7/10	具有偏心圆盘的
B02C	B02C7/11	零件
B02C	B02C7/12	圆盘的形状与构造
B02C	B02C7/13	用于谷物碾磨机的
B02C	B02C7/14	圆盘的调节，加压或控制其间的距离
B02C	B02C7/16	驱动机构
B02C	B02C7/18	专门适用于谷物的圆盘式碾磨机
B02C	B02C9/00	专门适用于谷物的其他碾磨方法或碾磨机
B02C	B02C11/00	专门适用于谷物碾磨机的其他辅助装置或附件
B02C	B02C13/00	应用有转动锤元件的碾磨机来粉碎
B02C	B02C15/00	应用滚子或球与环或盘联合动作的碾磨元件进行粉碎
B02C	B02C17/00	用圆筒形磨碎机，即具有盛放被粉碎材料的容器的碾磨机，带有或不带有卵石或球样的粉碎专用件进行粉碎
B02C	B02C18/00	用刀或其他切割或扯裂机件来把物料分裂成碎片；绞碎机或利用蜗杆之类的类似装置

（续表）

小类	小组	中文含义
B02C	B02C19/00	其他粉碎装置或方法
B02C	B02C21/00	带有或不带有材料烘干的粉碎设备
B02C	B02C23/00	辅助方法或辅助装置或附件——未包含 B02C1/00 至 B02C21/00 组中的专门适用于破碎或粉碎的，或者不是专门适用于仅包含在 B02C1/00 至 B02C21/00 某一组中的装置的
B02C	B02C25/00	专门适用于破碎或粉碎的控制装置
C09H	C09H/00	动物胶或明胶的制备
C11B	C11B1/00	从原料生产脂肪或油脂
C11B	C11B3/00	脂肪或脂油的精制
C11B	C11B5/00	用添加剂，如用抗氧剂进行保藏
C11B	C11B7/00	脂肪或油脂混合物分离成它们的组分，如饱和脂肪酸与不饱和脂肪酸分离
C11B	C11B11/00	其他脂肪物质，如羊毛脂、蜡的回收或精制
C11B	C11B15/00	用物理方法固化油脂、脂肪或蜡
C13B	C13B5/00	破碎提取糖的原料
C13B	C13B10/00	糖汁的生产
C13B	C13B15/00	从已提取糖的材料中压榨水分
C13B	C13B20/00	蔗糖汁的净化
D01C	D01C1/00	植物原料的处理
D01C	D01C3/00	动物原料的处理，例如化学洗毛
D01C	D01C5/00	碳化破碎的毛呢块，回收动物纤维
G01N	G01N33/02 ·	食物
G01N	G01N33/03 · ·	食用油或食用脂
G01N	G01N33/04 · ·	牛乳制品
G01N	G01N33/08 · ·	蛋的分级，例如用光照
G01N	G01N33/10 · ·	含淀粉的物质，例如面团
G01N	G01N33/12 · ·	肉；鱼
G01N	G01N33/14 · ·	饮料

（续表）

小类	小组	中文含义
G01N	G01N5/04 ·	通过除去某种组分，例如通过蒸发并称量其剩余物
A21B	A21B1/00	食品烤炉
A21B	A21B2/00	使用高频或红外加热的焙烤设备
A21B	A21B3/00	烤炉的部件或附件
A21C	A21C1/00	制备面团用的混合或搓揉机械
A21C	A21C3/00	用作分切前成批面团成型的机械或设备
A21C	A21C5/00	分切面团机械
A21C	A21C7/00	用搓揉以外的加工法使分切后的面团均匀化的机械
A21C	A21C11/00	在烹调或焙烤前使面团最终成型的其他机械
A21C	A21C13/00	面团发酵器，即使面团膨胀的设备
A21D	A21D2/00	焙烤前或焙烤期间通过添加入材料来处理面粉或面团
A21D	A21D4/00	焙烤前在惰性气体环境中贮存以保存面粉或面团
A21D	A21D6/00	在焙烤前面粉或面团的其他处理方法，例如冷却、辐射、加热
A21D	A21D8/00	制备面团或焙烤方法
A21D	A21D10/00	在焙烤前的稀面糊、面团或混合物
A21D	A21D13/00	焙烤成品或半成品
A21D	A21D15/00	保存焙烤成品；改进
A21D	A21D17/00	使焙烤食品恢复新鲜
A01B	A01B1/00	手动工具
A01B	A01B3/00	装有固定式犁铧的犁
A01B	A01B5/00	带有非驱动式滚动工作部件的犁，例如圆盘犁
A01B	A01B7/00	作为犁或耙或类似机件使用的圆盘式整地机具
A01B	A01B9/00	带有驱动式旋转工作部件的犁
A01B	A01B11/00	带有振动、挖掘或穿孔工作部件的犁
A01B	A01B13/00	专门用途的犁或类似的机具
A01B	A01B15/00	犁的构件、工作部件或零件
A01B	A01B17/00	带专用附属装置的犁，例如带土下施肥工具、碎土器的犁

（续表）

小类	小组	中文含义
A01B	A01B19/00	带非旋转式工作部件的耙
A01B	A01B21/00	带非驱动式旋转工作部件的耙
A01B	A01B23/00	耙的构件、工作部件或零件
A01B	A01B25/00	带有专门附属装置的耙，例如撒播肥料的装置；专门用途的耙
A01B	A01B27/00	土块压碎机
A01B	A01B29/00	镇压器
A01B	A01B31/00	耢
A01B	A01B33/00	带驱动式旋转工作部件的耕作机具
A01B	A01B35/00	其他整地机械
A01B	A01B37/00	疏松被车轮等压实的土壤的装置
A01B	A01B39/00	专门适用于长有作物的土地整地的其他专用机械
A01B	A01B41/00	间苗机械
A01B	A01B43/00	除去土壤中石头、不需要的残根或类似杂物的收集机，例如用拖拉机牵引的堆积机
A01B	A01B45/00	草地或草坪处理机械
A01B	A01B47/00	利用工作部件和土壤之间电压差的整地
A01B	A01B49/00	联合作业机械
A01B	A01B51/00	专门用于安装各种农业机具或装置的底盘
A01B	A01B59/00	专门适用于牲畜或拖拉机与农业机具之间连接的装置
A01B	A01B61/00	用于防止农机具过载的装置或农机具的防止过载的部件
A01B	A01B63/00	农机或农具的提升或调整装置或机构
A01B	A01B67/00	通过工作部件的阻力控制拖拉机发动机的装置
A01B	A01B69/00	农业机械或农具的转向机构；在所要求的轨道上导引农机具
A01B	A01B71/00	安装或调整机构、机具或工作部件的驱动装置或动力输出轴的结构或布置；部件防尘或防类似物的装置；农用机械专用部件
A01B	A01B73/00	农业机械或机具的简便运输工具或装置，如减小总体宽度的折叠机架
A01B	A01B75/00	支撑正在田间工作，例如间甜菜苗人员的运载工具

（续表）

小类	小组	中文含义
A01B	A01B76/00	在组 A01B51/00 至 A01B75/00 中不包含的农业机械或农具的其他部件、零件或附件
A01D	A01D1/00	收获用手割工具
A01D	A01D3/00	用于长柄大镰刀、镰刀或类似物的无磨料刃磨装置
A01D	A01D5/00	收获时用的磨刀石容器
A01D	A01D7/00	耧耙
A01D	A01D9/00	叉
A01D	A01D11/00	其他手动工具
A01D	A01D13/00	挖掘机，例如马铃薯挖掘犁
A01D	A01D15/00	有筛子但没有输送装置的挖掘机械
A01D	A01D17/00	带有筛和输送装置的挖掘机械
A01D	A01D19/00	带有离心轮、滚筒或抛掷器的挖掘机械
A01D	A01D21/00	带有马铃薯捡拾装置的挖掘机械
A01D	A01D23/00	去顶机械
A01D	A01D25/00	挖掘甜菜类作物的机械
A01D	A01D27/00	同时带有去顶和挖掘机构的机械
A01D	A01D29/00	花生收获机
A01D	A01D31/00	其他挖掘收获机械
A01D	A01D33/00	挖掘式收获机的附件
A01D	A01D34/00	割草机；收割机的收割装置
A01D	A01D37/00	割捆机
A01D	A01D39/00	单独打捆机，如捆干草用；与割草机可连接的打捆机
A01D	A01D41/00	联合收割机，即与脱粒装置联合的收割机或割草机
A01D	A01D42/00	可变换成用于收割目的之外的设备的割草机；能够进行收割之外作业的割草机
A01D	A01D43/00	在收割时与执行附加操作的设备联合的割草机
A01D	A01D44/00	水下植物的收获，例如海菜的收获
A01D	A01D45/00	生长作物的收获

（续表）

小类	小组	中文含义
A01D	A01D46/00	水果、蔬菜、啤酒花或类似作物的采摘；振摇树木或灌木的装置
A01D	A01D47/00	收割台
A01D	A01D51/00	用于收集落在地上的果实，例如苹果、甜菜、坚果、马铃薯的装置
A01D	A01D57/00	收割机或割草机的输送装置
A01D	A01D59/00	捆扎收获或割下产品的设备
A01D	A01D61/00	打捆机或联合收获机的升运器或输送器
A01D	A01D63/00	外分禾器
A01D	A01D65/00	谷类作物扶禾器
A01D	A01D67/00	专门适用于收割机或割草机的底盘或机架；调整机架的机构；工作台
A01D	A01D69/00	收割机或割草机的驱动机构或其部件
A01D	A01D75/00	收割机或割草机的附件
A01D	A01D76/00	干草摊晒机，其耧齿在操作时相对于机械是固定的，但在倾卸时却可以升起
A01D	A01D78/00	干草摊晒机，其耧齿相对于机械是活动的
A01D	A01D80/00	干草摊晒机的部件或零件
A01D	A01D82/00	作物处理机，即破碎或研碎禾秆的机械
A01D	A01D84/00	不包括在 A01D76/00 至 A01D82/00 任一组内的干草摊晒机
A01D	A01D85/00	堆垛设备
A01D	A01D87/00	干草或类似大田作物的装载机
A01D	A01D89/00	捡拾装载机、茎秆切碎机、压捆机、田间脱粒机或类似机械的捡拾装置
A01D	A01D90/00	带自装或自卸装置的收获作物装运车辆
A01D	A01D93/00	本小类其他组中不包括的收获设备
A01D	A01D21/00	草坪割草机
A01F	A01F1/00	禾秆、干草或类似物形成捆或打捆的固定装置或手动工具
A01F	A01F3/00	切碎禾秆、干草或类似物的手动工具

（续表）

小类	小组	中文含义
A01F	A01F13/00	手动打捆设备
A01F	A01F15/00	禾秆、干草或类似物的压捆机
A01F	A01F29/00	专门适用于切割干草、禾秆或类似物的切割设备
A01G	A01G3/00	园艺专用的切割工具；立木打枝
B64D	B64D1/18 · ·	通过喷射，例如喷洒杀虫剂
E04H	E04H7/22 ·	可流动固体颗粒用的容器，例如筒仓或料斗仓；其支撑
E04H	E04H5/08 ·	农业用建筑物或建筑群
C09K	C09K17/00	土壤调节材料或土壤稳定材料
C05B	C05B/00	磷肥
C05C	C05C/00	氮肥
C05D	C05D/00	不包含在 C05B、C05C 小类中的无机肥料；产生二氧化碳的肥料
C05F	C05F/00	不包含在 C05B、C05C 小类中的有机肥料，例如用废物或垃圾制成的肥料
C05G	C05G/00	分属于 C05 大类下各小类中肥料的混合物；由一种或多种肥料与无特殊肥效的物质，例如农药、土壤调理剂、润湿剂所组成的混合物；以形状为特征的肥料
A62D	A62D21/04	农药，例如杀虫剂、除草剂、杀真菌剂或杀线虫剂
B64D	B64D1/18 · ·	通过喷射，例如喷洒杀虫剂
H05C	H05C/00	为杀伤、击昏、围困或诱导生物的设备专门设计的电路或设备
B09C	B09C/00	污染的土壤的再生
E02B	E02B11/00	土壤排水，例如用于农业的土壤排水
A01G	A01G15/00	影响天气条件的装置或方法
C12N	C12N15/82	DNA 重组技术
C12N	C12N15/87	使用其他类目中不包含的方法引入外来遗传物质
C12N	C12N15/89	使用微量注射法
C12N	C12N15/90	将外来 DNA 稳定地引入染色体中
C12N	C12N15/85	用于动物细胞

（续表）

小类	小组	中文含义
C12N	C12N15/86	病毒载体
C12N	C12N15/861	腺病毒载体
C12N	C12N15/863	痘病毒载体，例如痘苗病毒
C12N	C12N15/864	细小病毒载体
C12N	C12N15/866	杆状病毒载体
C12N	C12N15/867	逆转录病毒载体
C12N	C12N15/869	疱疹病毒载体
C12N	C12N15/873	产生新胚胎的技术，例如核移植、操纵全能细胞、生产嵌合胚胎
C12N	C12N15/877	产生新哺乳动物克隆胚胎的技术
C12N	C12N15/88	使用微胶囊，如使用脂质体囊

注：CPC 分类小组中的“·”圆点及其数量指明该 CPC 小组的等级位置，即指明每一个小组是它上面离它最近的又比它少一个圆点的小组的细分类。

五、F-term 分类代码

小类	小组	中文含义
2B001	2B001A01C11/02	水稻插秧机
2B003	2B003EE01	鲍鱼（包括壳）
2B003	2B003EE02	甲壳类动物（包括虾）
2B003	2B003EE03	乌贼、章鱼和海胆
2B003	2B003EE04	海藻
2B005	2B005AA00	宠物饲料
2B005	2B005BA00	反刍动物饲料
2B005	2B005CA00	鸟饲料
2B005	2B005DA00	家禽饲料
2B005	2B005EA00	其他动物

（续表）

小类	小组	中文含义
2B005	2B005FA00	蚕
2B005	2B005GA00	鱼
2B005	2B005HA00	使用
2B005	2B005JA00	使用方式
2B005	2B005KA02	化学治疗
2B005	2B005KA03	发酵
2B005	2B005LA00	动物材料
2B005	2B005LB00	植物材料
2B005	2B005MA01	氨基酸
2B005	2B005MA02	特定的氨基酸
2B005	2B005MA08	发酵产品
2B005	2B005NA00	鱼饵或捕鱼代理
2B011	2B011AA00	主题的真菌类型
2B011	2B011BA01	基地森林
2B011	2B011BA05	人工培养基
2B011	2B011BA11	无机肥料
2B011	2B011BA15	堆肥和发酵产品
2B011	2B011BA16	品种与夹层化合物
2B011	2B011BA17	人工森林基地
2B011	2B011CA01	种植结构的房间
2B011	2B011CA02	多层种植的房间
2B011	2B011CA13	设备增加和降低湿度
2B011	2B011GA00	培养方法
2B011	2B011HA01	蘑菇加工
2B011	2B011JA00	真菌的孢子
2B011	2B011KA00	真菌孢子的生产
2B011	2B011MA00	真菌种植
2B011	2B011NA00	密封种植真菌的孢子
2B012	2B012A01G3	切割工具，园艺
2B013	2B013A01G23	林业
2B019	2B019A01K87	钓鱼竿

（续表）

小类	小组	中文含义
2B019	2B019BA00	钓鱼线指南
2B022	2B022AA00	常见的栽培技术
2B022	2B022AB01	草坪和绿化植物
2B022	2B022AB02	种植在土壤表面
2B022	2B022AB05	培养幼苗移植
2B022	2B022AB06	培养工具
2B022	2B022AB07	传播的表层土壤
2B022	2B022AB08	为保护或栽培容器框架
2B022	2B022AB11	叶菜
2B022	2B022AB13	根菜类蔬菜
2B022	2B022AB15	水果蔬菜
2B022	2B022AB17	鲜花或观赏植物
2B022	2B022BA01	无机物质
2B022	2B022BA02	土壤矿物质
2B022	2B022BA06	无机纤维
2B022	2B022BA11	天然有机物质或有机废物
2B022	2B022BA12	植物纤维
2B022	2B022BA14	植物或粉碎植物
2B022	2B022BA15	土壤有机物质
2B022	2B022BA18	被微生物处理
2B022	2B022BA21	有机合成的化合物
2B022	2B022BA23	纤维
2B022	2B022EA02	无籽水果的生产
2B022	2B022EA03	改善味道和颜色的水果或蔬菜
2B022	2B022FA01	水果
2B022	2B022FA04	变形或造型的水果
2B022	2B022FA15	弯曲设备
2B023	2B023AA00	支持指定的植物
2B023	2B023AA01	工厂安排
2B023	2B023AA02	支持黄瓜
2B023	2B023AA03	支持西瓜和其他瓜类

（续表）

小类	小组	中文含义
2B023	2B023AA04	支持西瓜和其他瓜类
2B023	2B023AA05	支持缠绕植物
2B023	2B023AA06	支持独立的植物
2B023	2B023AA07	支持水稻
2B023	2B023AA09	支持康乃馨
2B023	2B023AA10	支持菊花
2B023	2B023AA11	支持其他独立的植物
2B023	2B023AB05	树蕨类植物或树蕨类植物替代品
2B023	2B023AC01	天然或合成纤维
2B023	2B023AC03	合成树脂
2B024	2B024AA00	保护植物
2B024	2B024AA01	衰竭或者携带疾病的昆虫
2B024	2B024CB00	地膜分离器的结构
2B024	2B024DC00	薄膜材料的结构
2B024	2B024DC01	存在漏洞的播种或种植的特点
2B024	2B024DC02	支持水果、蔬菜、葡萄
2B025	2B025A01G25	浇水
2B026	2B026AB00	培养设备
2B026	2B026EA00	受精
2B026	2B026FA00	设备连根拔起苗
2B026	2B026FA01	外壳（例如袋）
2B026	2B026FA02	网
2B027	2B027NB00	培养方法、修复、制造
2B027	2B027ND00	类型的栽培容器
2B027	2B027ND01	花盆、种植箱或花箱
2B027	2B027ND02	容器（即植物栽培容器的项目）
2B027	2B027ND03	抬高幼苗（例如插座、盒子或帧）
2B027	2B027ND09	移植的容器（即原状土壤中种植）
2B027	2B027ND10	培养集（即集合种子、土壤和插座）
2B027	2B027ND15	插座，不使用植物材料，或水培种植
2B027	2B027NE00	形式培养容器的位置

（续表）

小类	小组	中文含义
2B027	2B027QA00	形状零件，土壤或植物材料（幼苗两脚规优先考虑）
2B027	2B027QB00	孔种植的土壤（排除孔洞很细）
2B027	2B027SB00	单个细胞的结构细节
2B027	2B027SB01	幼苗两脚规和底部表面，或壶状苗分规
2B027	2B027SB02	苗分规没有底部表面
2B027	2B027SB04	幼苗两脚规和孔洞，开口或等级
2B027	2B027SB12	洞的底部表面幼苗分规
2B027	2B027SB13	孔在侧面或顶部表面的幼苗分规
2B027	2B027SC00	整体幼苗分配器结构和细节
2B027	2B027SD00	育苗容器苗分规
2B027	2B027TC00	可移动培养容器和运输
2B027	2B027VA11	种植设备，种植工具，或孔种植本身
2B027	2B027VA13	孔种植、工具或孔洞本身
2B027	2B027WA00	豆芽（不包括发芽蔬菜）
2B029	2B029AA00	温室的总体结构
2B029	2B029AB01	种植蔬菜和鲜花
2B029	2B029AB02	玫瑰
2B029	2B029AB03	康乃馨
2B029	2B029AB05	种植果树
2B029	2B029AB06	葡萄
2B029	2B029AB09	种植的植物适合低温
2B029	2B029BA00	温室的基础
2B029	2B029BB00	温室的框架
2B029	2B029GA00	其他结构和设备的温室
2B029	2B029JA00	二氧化碳温室气体处理
2B029	2B029KA00	能使栽培土壤变暖和变冷的温床
2B029	2B029RB00	保温覆盖材料的开启和关闭
2B030	2B030AA00	有针对性的植物
2B030	2B030AA02	主要品种的草
2B030	2B030AA03	主要品种的树木
2B030	2B030AA05	蘑菇

(续表)

小类	小组	中文含义
2B030	2B030AB00	植物，指定目标范围
2B030	2B030AD00	培育植物的特点
2B030	2B030CA00	育种技术
2B030	2B030CD00	培养技术
2B030	2B030CG01	雄性不育（不包括基因技术）
2B031	2B031A01B1	土地耕作机器 1（手动机器）
2B032	2B032AA00	形式的实现基于电源工作
2B032	2B032AA01	由人驱动
2B032	2B032AA02	由动物驱动
2B032	2B032AA03	由动物驱动
2B032	2B032AA04	手推类型
2B032	2B032AA05	骑类型
2B032	2B032BA00	犁
2B032	2B032BB00	犁的结构或调整机制
2B032	2B032EA00	圆盘犁
2B032	2B032EB00	圆盘犁的结构或调整机制
2B032	2B032FA00	碎土块机或耙
2B032	2B032FB00	结构或碎土块机或耙的调整机制
2B032	2B032GA12	工具犁或动物动力的耙
2B032	2B032GA13	金属配件犁、犁梁的安装
2B033	2B033AB00	水平横向轴类型
2B033	2B033AC00	基于驱动系统实现土壤类型
2B033	2B033BA00	耕作工具的结构或安排
2B033	2B033BC00	附件为耕作爪或类似的工具
2B033	2B033BD00	耕作爪轴
2B033	2B033CA00	杠杆机制
2B033	2B033DB00	覆盖耕作工具
2B033	2B033EA00	剩余耕作处理安排
2B033	2B033EB00	耙
2B033	2B033EC00	阻力杆
2B034	2B034AA01.	使用流体压力的钻井机器或耕作

（续表）

小类	小组	中文含义
2B034	2B034AA05	留茬处理设备
2B034	2B034AA06	土壤或岩石治理设备
2B034	2B034AA07	作物间作或管理机器或除草机
2B034	2B034BB01	稻田
2B034	2B034BB02	字段
2B034	2B034BB03	果园、茶园
2B034	2B034BB04	烟草或甘蔗
2B034	2B034BB05	草坪或牧场
2B034	2B034BB07	农地膜
2B034	2B034BB08	作物生长领域
2B034	2B034GA00	土壤或岩石治理设备的类型
2B034	2B034HA00	中耕机或管理作物，或除草机的类型
2B041	2B041A01B51	农业机械在一般情况下，后轮的类型
2B043	2B043BB00	农业机械类型
2B043	2B043BB01	拖拉机
2B043	2B043BB03	耕作等机器设备等
2B043	2B043BB04	施肥机、播种机或移植的机器
2B043	2B043BB05	对水田直播机
2B043	2B043BB06	水稻移植机
2B043	2B043BB07	播种机器，除草机，等等
2B043	2B043BB11	草坪或草坪割草机
2B043	2B043BB12	车
2B043	2B043BB13	收割者或绑定
2B051	2B051AB01	种子
2B051	2B051AB04	马铃薯薯种
2B051	2B051AB06	苗
2B051	2B051AB07	茎、树枝、树叶、芽和根
2B051	2B051AB08	组织（如点的增长）
2B051	2B051AC01	外壳（如种子、育苗钵）
2B051	2B051AC02	种子在山坡上或其他
2B051	2B051CA01	浸泡灌溉系统

（续表）

小类	小组	中文含义
2B051	2B051CA02	循环系统
2B051	2B051CA03	灌溉系统
2B051	2B051CA04	洒水装置
2B051	2B051DA00	苗选择设备
2B052	2B052AA00	处理或粪便传播
2B052	2B052BA00	施肥方法
2B052	2B052BB01	粉或肥料的选择
2B052	2B052BB02	混合肥料
2B052	2B052BB03	与土壤混合
2B052	2B052BB04	混合用稻草
2B052	2B052BC00	肥料机器，机器相结合的形式
2B052	2B052CA00	土壤肥料渗透结构或容器
2B052	2B052DA00	肥料机器总体结构
2B052	2B052DB00	设备驱动施肥的机器
2B052	2B052DC00	肥料机器感知、加工或传感信号的指示
2B052	2B052DD00	施肥机器的自动控制
2B052	2B052EA00	容器分配肥料
2B052	2B052EB00	肥料交付机制和调整量的分布
2B052	2B052EC00	引导或散射的肥料
2B052	2B052ED00	在土壤中直接分配肥料
2B052	2B052FA00	液体肥料制备或压力分布装置
2B054	2B054BA01.	种子
2B054	2B054BA02	发芽的种子
2B054	2B054BA03	马铃薯薯种
2B054	2B054BB01	农田
2B054	2B054BB02	灌溉农田
2B054	2B054BB03	花盆
2B054	2B054BB04	钵
2B054	2B054BB05	公共区域或公共土地
2B054	2B054CA00	类型的播种机
2B054	2B054CB00	操作机器或结合播种机的组合

（续表）

小类	小组	中文含义
2B054	2B054DA00	整体播种机结构
2B054	2B054DB00	驱动装置为播种机
2B054	2B054DC00	种子的容器
2B054	2B054DE00	种子的指导或放电机制
2B060	2B060AB00	移植方法或移植准备
2B060	2B060AC00	移植苗的类型
2B060	2B060AD00	幼苗的形状
2B060	2B060AE00	移植地点
2B060	2B060BA00	移植的机器类型
2B060	2B060BB00	结合移植机工作
2B060	2B060CB00	运输机制或幼苗分离
2B060	2B060CC00	种植结构机制
2B060	2B060EA00	固定土壤的植物
2B062	2B062BA11	插秧机
2B062	2B062BA12	驱动操作单元
2B062	2B062BA13	种植单位
2B062	2B062BA14	苗盘
2B063	2B063AB03	机器与施肥设备
2B064	2B064AA00	插秧机的类型
2B071	2B071A01D1	收获机（工具和方法）
2B072	2B072AA00	针对挖掘或收获作物
2B072	2B072AA01	马铃薯
2B072	2B072AA02	甘薯
2B072	2B072AA03	洋葱
2B072	2B072AA04	萝卜
2B072	2B072AA05	甜菜
2B072	2B072AA06	牛蒡和山药
2B072	2B072AA07	藕
2B072	2B072AA08	葱
2B072	2B072AA09	花生
2B072	2B072BA00	挖掘部分

（续表）

小类	小组	中文含义
2B072	2B072CA00	筛分或输送方式
2B074	2B072AD00	脱粒方法
2B074	2B074AE00	稻草切除的处理方法
2B075	2B075AC00	牧草收割机和玉米收割机
2B075	2B075BA00	水下作物的收获
2B075	2B075CA00	桑收获
2B075	2B075DA00	甘蔗收割机的形式
2B075	2B075DB00	甘蔗收割机的结构
2B075	2B075EA00	收获的烟草
2B075	2B075FA00	收获的咖啡豆
2B075	2B075JD00	采摘的水果、蔬菜等
2B075	2B075JE00	保鲜和储存的水果、蔬菜等
2B076	2B076AA00	收割机的类型
2B083	2B083A01D34	收割机元件（3）（割部分）
2B084	2B084A01D61	收割机元件（4）（谷物秸秆输送）
2B085	2B085A01D75	收割机器安全装置和配件
2B089	2B089A01D76	草甸草控制
2B091	2B091A01F5	一般打谷机，特殊作物打谷机；手动工具
2B092	2B092A01F12	脱粒机框架、驱动和控制
2B093	2B093A01F12	打谷机元件（1）（喂）
2B094	2B094A01F12	打谷机元件（2）（谷物脱粒或返回）
2B095	2B095A01F12	打谷机（3）（灰尘分离或去除）
2B097	2B097A01F3	打谷机的元件（5）削减排放稻草或草
2B098	2B098A01F1	打谷机的组件处理长草和打包牧草
2B100	2B100AA00	收获生产
2B101	2B101A01K1	主题名称：饲养的牲畜（1）
2B102	2B102A01K5	畜牧与畜牧业（2）：喂养和浇水
2B103	2B103A01K11	畜牧与畜牧业（3）：其他繁殖
2B104	2B104A01K61	鱼类和贝类的养殖
2B105	2B105A01K65	捕鱼（1）：机械手段
2B106	2B106A01K69	捕鱼（2）：渔网

（续表）

小类	小组	中文含义
2B107	2B107A01K83	钓鱼（1）：鱼钩和钓鱼线
2B108	2B108A01K89	钓鱼（3）：卷
2B109	2B109A01K97	钓鱼（4）：附件为钓鱼
2B110	2B110A01L1	马蹄
2B403	2B403A01K67	动物的繁殖和生殖细胞处理
2B327	2B327NA01	水稻
2B327	2B327NA02	豆芽
2B327	2B327NA03	发芽的蔬菜与直立的茎（例如白萝卜）发芽
2B327	2B327NA07	根菜类蔬菜
2B307	2B307AA00	钓鱼钩的材料
2B307	2B307DA00	设备结构铸造钓具
2B307	2B307EA00	钓鱼钩和钓鱼线之间的联系
2B307	2B307EB00	钓鱼线和钓鱼线之间的连接或钓鱼线
2B304	2B304LA12	剪草机或除草机（如割草机）
2B304	2B304LA15	手推车
2B304	2B304LA16	手推车加载或解除加载
2B206	2B206BA07	植物纤维素
2B206	2B206BA18	粉末和薯片
2B206	2B206CA01	羊毛
2B206	2B206CA03	硫化纤维
2B206	2B206DA02	尿素
2B206	2B206DA08	乙烯基
2B206	2B206DA09	丙烯酸及酯类
2B206	2B206DB21	树脂
2B206	2B206DB22	糖
2B206	2B206DB24	酶和微生物
2B206	2B206DC01	耦合剂
2B206	2B206DC02	催化剂
2B206	2B206DC03	聚合抑制剂
2B206	2B206EB32	醚类或醚化物
2B206	2B206EB33	酸、碱和 pH 值

（续表）

小类	小组	中文含义
2B206	2B206EB34	漂白和脂肪去除
2B206	2B206EB35	漂白
2B230	2B230CB00	有机药剂注入
2B230	2B230CC00	添加剂
2B210	2B210B27H1	木材弯曲和加工的竹子与软木等
2B396	2B396JA03	手推式
2B396	2B396JA04	除草类型
2B396	2B396JC01	打谷机
2B396	2B396JC02	脱粒专用机器
2B396	2B396JC03	站立式打谷机
2B396	2B396JC04	自航式打谷机
2B396	2B396JC09	粮食输送车辆，例如卡车
2B396	2B396JE01	水稻
2B396	2B396JE02	大麦
2B396	2B396JG00	处理或袋或设备材料的制造方法
2B382	2B382GA06	茶或园艺树木的操作机器
2B382	2B382GA07	割草机或草收获机
2B382	2B382GA08	粮食作物的农机，例如收割机
2B382	2B382GB01	水稻或小麦
2B382	2B382GB02	豆类，例如黄豆
2B382	2B382GB03	玉米和高粱
2B382	2B382GB05	草坪杂草或草
2B382	2B382GB06	树木或花园的树木
2B382	2B382GB07	茶
2B150	2B150BB06	淀粉酶
2B150	2B150BB08	纤维素酶
2B150	2B150CA00	农业和林业副产品和废弃物
2B150	2B150CC12	肉
2B150	2B150CC13	乳清
2B150	2B150CC14	酪蛋白
2B150	2B150CC15	初乳

（续表）

小类	小组	中文含义
2B150	2B150CD00	肉、鱼和骨头，厨余
2B150	2B150CE00	可食用的植物和藻类
2B150	2B150CF00	非蛋白氮
2B150	2B150CJ00	其他原材料
2B150	2B150DA00	饲料添加剂（1）
2B150	2B150DB00	饲料添加剂（2）
2B150	2B150DC00	饲料添加剂（3）
2B150	2B150DD00	饲料添加剂（4）
2B150	2B150DH01	金属
2B150	2B150DJ00	饲料添加剂
2B150	2B150EA00	原材料被保留下来
2B150	2B150AA03	猪
2B150	2B150AA06	犬和猫
2B150	2B150AA08	鱼
2B150	2B150AA09	鱼
2B150	2B150AC01	细菌
2B150	2B150AC02	杆菌
2B150	2B150AC03	枯草芽孢杆菌
2B150	2B150AC11	光合细菌
2B150	2B150AC21	红曲霉
2B150	2B150AC31	分解纤维素的
2B150	2B150AE03	土豆泥
2B150	2B150AE10	蛋糕
2B150	2B150AE36	糊精
2B150	2B150AE39	果胶
2B150	2B150AE41	海藻
2B150	2B150AE44	瓜尔豆
2B150	2B150BB04	蛋白酶
2B121	2B121AA00	目标生物
2D013	2D013E02F3	推土机、刮刀、挖泥机
2D024	2D024E02B9	水力发电、土壤排水和灌溉沟渠

（续表）

小类	小组	中文含义
2D042	2D042E02D19	保持土壤干燥和沉箱
2G049	2G049G01N15	调查谷物的性质
3C033	3C033B23Q7	饲养工件
3E035	3E035AA04	肉
3E035	3E035AA05	鱼
3E035	3E035AA11	水果和蔬菜
3E035	3E035AA12	蘑菇
3E035	3E035AA18	人造奶油、黄油和奶酪
4B001	4B001AC01	碳水化合物
4B001	4B001AC06	脱脂牛奶
4B001	4B001AC08	大豆，豆奶，大豆蛋白
4B001	4B001AC09	鸡蛋
4B001	4B001AC15	油和脂肪
4B001	4B001AC16	复合油和脂肪
4B001	4B001AC17	加工油和脂肪
4B001	4B001AC20	其他食品
4B001	4B001AC21	蔬菜和果汁
4B001	4B001AC22	坚果和花生
4B001	4B001BC00	操作
4B001	4B001DC00	产品
4B001	4B001EC00	目的
4B004	4B004AA00	类型
4B004	4B004BA00	建设
4B004	4B004CA00	功能
4B011	4B011AA00	成型和压制
4B011	4B011AB00	制造香肠
4B011	4B011CB00	火腿和香肠灌装对象的处理
4B012	4B012A23B4	肉和鸡蛋保存
4B018	4B018LB00	适用于食品
4B018	4B018MD00	营养物质和真菌改变
4B018	4B018ME00	目的和应用

（续表）

小类	小组	中文含义
4B018	4B018MF00	准备和治疗
4B020	4B020LB00	产品的类型
4B020	4B020LG00	生咖啡豆
4B020	4B020LK00	添加剂
4B020	4B020LP00	加工和处理的工艺、设备
4B020	4B020LQ00	豆奶生产（包括豆腐）
4B020	4B020LR00	豆腐生产（即豆浆凝结）
4B020	4B020LS00	豆腐产品的生产
4B020	4B020LY00	生产纳豆
4B020	4B020LZ00	生产生甜豆酱
4B021	4B021LA00	对象
4B021	4B021LP00	条件
4B021	4B021LT00	设备
4B021	4B021LW00	应用于食品
4B021	4B021MC00	目标使用
4B021	4B021MK00	化学物质
4B021	4B021MP00	使用方法
4B021	4B021MQ00	流程
4B022	4B022A23L3	冷冻、冷却和干燥的食物
4B026	4B026DC00	目标
4B026	4B026DG06	玉米油
4B026	4B026DH00	油脂的特性
4B026	4B026DK00	表面活性剂（例如乳化剂）
4B026	4B026DL00	添加剂
4B026	4B026DP00	制造方法和设备的特点
4B026	4B026DX00	产品配置
4B027	4B027FB00	类型的产品
4B027	4B027FB01	未发酵茶（例如绿茶）
4B027	4B027FB21	咖啡
4B027	4B027FE08	包装配置
4B027	4B027FE09	茶包及咖啡包

（续表）

小类	小组	中文含义
4B027	4B027FK00	添加剂
4B027	4B027FK04	糖及其衍生品
4B027	4B027FK08	来自植物的添加剂
4B027	4B027FK09	茶提取物（如香料和油）
4B027	4B027FK12	大米（例如糙米）
4B027	4B027FK13	大麦
4B027	4B027FP00	茶叶生产过程和设备
4B027	4B027FP01.	控制和处理新鲜的树叶
4B027	4B027FP06	干燥，敲打树叶，去除露水
4B027	4B027FP15	蒸桶和网
4B027	4B027FP16	搅拌叶片
4B027	4B027FP81	包装
4B027	4B027FP83	茶叶生产一致性的过程
4B027	4B027FP85	茶饮料制造业
4B027	4B027FR04	温度
4B027	4B027FR05	加热
4B027	4B027FR06	冷却
4B027	4B027FR08	湿度
4B028	4B028AC00	酒精饮料的目标
4B028	4B028AC14	调味料、调味品和改善营养
4B028	4B028AC15	成熟
4B028	4B028AG01	发酵的物质（例如液体）
4B028	4B028AG03	酒精饮料
4B028	4B028AG04	水果和蔬菜酿制的酒
4B028	4B028AP01	加热
4B028	4B028AP02	冷却
4B028	4B028AP03	冻结
4B028	4B028AP21	离子交换树脂（螯合树脂）
4B028	4B028AP25	包装、密封和储存
4B028	4B028AP26	热回收
4B028	4B028AP28	温度

（续表）

小类	小组	中文含义
4B028	4B028AP29	添加剂和处理剂的使用
4B028	4B028AS00	使用化学和天然物质（酒精饮料）
4B028	4B028AS01	无机物质和无机化合物
4B028	4B028AS02	碳（活性炭）
4B028	4B028AS19	化学和天然物质的特征
4B028	4B028AT09	设备具有加热和冷却的功能
4B028	4B028BC01	质量的改进（例如质量稳定和保存）
4B028	4B028BC02	颜色和清晰度（例如漂白）
4B028	4B028BC03	味道和香味的处理（例如脱臭）
4B028	4B028BL01	植物及相关物质
4B028	4B028BL02	谷物和相关物质
4B028	4B028BL03	大米和相关物质
4B028	4B028BL04	大麦和相关物质
4B028	4B028BL06	水果和相关物质
4B028	4B028BL07	葡萄和相关物质
4B028	4B028BL08	苹果和相关物质
4B028	4B028BL09	马铃薯和相关物质
4B028	4B028BL10	豆类及相关物质
4B028	4B028BL11	根作物、绿色蔬菜、花卉蔬菜和相关的物质
4B028	4B028BL12	海带、蘑菇及相关物质
4B028	4B028BL13	谷物胚芽和相关物质
4B028	4B028BL14	动物及相关物质
4B028	4B028BL15	动物和植物的副产品
4B028	4B028BL16	谷物副产品
4B028	4B028BL18	醋的目标处理
4B028	4B028BL19	谷物醋
4B028	4B028BL20	果醋
4B028	4B028BP01	生产酿造醋
4B028	4B028BP02	原料醋酸发酵前处理
4B028	4B028BP08	成熟、存储的沉积物和净化
4B028	4B028BP10	灭菌和取暖

（续表）

小类	小组	中文含义
4B028	4B028BX07	温度
4B028	4B028BX08	pH 值（即酸碱度）
4B028	4B028BX09	时间
4B029	4B029AA01	培养或发酵器
4B029	4B029AA08	容器栽培或检测
4B029	4B029AA12	保持容器在一个恒定的温度
4B029	4B029AA14	二氧化碳孵化器
4B029	4B029BB12	植物细胞
4B029	4B029BB13	病毒、噬菌体
4B029	4B029BB15	蛋白质
4B029	4B029BB16	酶
4B029	4B029CC04	吸收
4B029	4B029CC07	坚持一个固体培养基表面
4B029	4B029DB00	搅拌，气体介入
4B029	4B029DB01	搅拌叶片
4B029	4B029DB02	叶片的形状
4B029	4B029DB03	适用于破碎的泡沫液体
4B029	4B029DC01	通风管
4B029	4B029DC02	管的形状
4B029	4B029DD00	换热
4B029	4B029DD01	热媒循环管
4B029	4B029DD02	热交换的外围容器
4B029	4B029DE01	消泡叶片
4B029	4B029DE02	消泡叶片的形状
4B029	4B029DE03	泡沫喷射气体或液体
4B029	4B029DF00	控制培养条件
4B029	4B029DF01	关于温度
4B029	4B029DF02	关于 pH 值
4B029	4B029DF03	关于溶解的化合物的浓度
4B029	4B029DF04	关于溶解气体的浓度
4B029	4B029EA00	固体培养基装置

（续表）

小类	小组	中文含义
4B029	4B029EA09	搅拌叶片
4B029	4B029EA10	搅拌叶片通道的培养材料
4B029	4B029EA11	调节温度和湿度的方法
4B029	4B029EA12	可调节温度和湿度的房间
4B029	4B029EA13	直接喷洒液体培养的材料
4B029	4B029FA07	用于敏感的磁盘测试
4B029	4B029FA12	仪器测量化合物的浓度
4B029	4B029HA01	有纤细的位点，被接种或收获
4B029	4B029HA02	有平面位点，被接种或收获
4B031	4B031CA01	面条
4B031	4B031CA02	乌冬面
4B031	4B031CA03	细面条和冰
4B031	4B031CA04	日本荞麦
4B031	4B031CA05	中国的面条
4B031	4B031CA06	意大利面和通心粉
4B031	4B031CA07	面皮（例如饺子皮）
4B031	4B031CA08	硬挺的面条和胶凝面条
4B031	4B031CA09	面包
4B031	4B031CA10	面包和英式面包
4B031	4B031CA11	卷
4B031	4B031CA12	馅饼和糕点
4B031	4B031CA13	使用面团
4B031	4B031CA14	蛋糕（例如海绵蛋糕）
4B031	4B031CA15	饼干
4B031	4B031CA16	大米饼干和年糕
4B031	4B031CA17	锥形杯和晶片
4B031	4B031CA18	甜甜圈
4B031	4B031CA19	比萨，章鱼烧，御好烧
4B031	4B031CB00	分层组合不同类型的食物
4B031	4B031CE00	分割和球磨面团；球成型
4B031	4B031CF00	成型与模具

（续表）

小类	小组	中文含义
4B031	4B031CG00	挤压，挤压成型
4B031	4B031CH00	通过切割成型
4B031	4B031CJ07	缠绕的面条
4B031	4B031CJ18	成型的弯曲的面条
4B031	4B031CK00	发酵、成熟和干燥的面团
4B031	4B031CL19	发酵面团输送和包装
4B032	4B032DG00	谷类食品材料
4B032	4B032DK00	辅助材料或添加剂不含谷物
4B032	4B032DL00	功能添加剂或处理剂
4B032	4B032DP00	处理过程
4B033	4B032ND15	农药和化肥
4B033	4B032NG06	植物细胞
4B034	4B034LB00	类型的产品
4B034	4B034LK00	原料或添加剂
4B034	4B034LK21	大豆蛋白
4B034	4B034LK22	谷蛋白
4B034	4B034LK23	维生素
4B034	4B034LK24	来自植物
4B034	4B034LK25	谷物或豆类
4B034	4B034LK26	蔬菜、水果、马铃薯和蘑菇
4B034	4B034LK27	海藻
4B034	4B034LK28	来自动物
4B034	4B034LK29	海洋食品
4B034	4B034LK30	肉
4B035	4B035LG00	食品或添加剂材料
4B036	4B036LC07	食疗
4B036	4B036LF00	汤、酱汁和其他食物的类型
4B036	4B036LG00	汤和酱汁材料
4B037	4B037A23J1	食物蛋白质和磷脂
4B038	4B038A23L1	味噌和麦芽产品
4B039	4B039LB00	酱油和相关产品的类型

（续表）

小类	小组	中文含义
4B039	4B039LC00	酱油生产的目标
4B039	4B039LG00	酱油的原材料和添加剂
4B039	4B039LP00	发酵酱油生产的预处理
4B040	4B040AE00	有针对性的食物
4B040	4B040EA00	烹饪元素（烤架和烤架）
4B040	4B040NB00	特殊的机制（烘焙面包自动功能）
4B041	4B041LH00	多糖原料
4B041	4B041LK00	原材料和添加剂
4B042	4B042AE00	产品的形式
4B042	4B042AGOO	成分
4B042	4B042AH00	部分使用
4B043	4B043AA00	烟叶种植园
4B045	4B045AA00	目标和功能
4B046	4B046LA00	类型的最终产品
4B046	4B046LB00	最终产品
4B046	4B046LC00	目标
4B046	4B046LE00	特定的形状和结构
4B069	4B069AA00	保存
4B069	4B069AB00	罐头或装袋
4B069	4B069BA00	干燥
4B069	4B069CA00	冷却或冻结
4B069	4B069DA00	泡菜的制造方法
4B069	4B069DB00	泡菜起动器
4B069	4B069DC00	酸洗装置
4B069	4B069DE00	用于酸洗的取水部分
4B069	4B069FA00	覆盖
4B069	4B069GA00	保存的可食用的种子和谷物
4B069	4B069HA01	蔬菜
4B069	4B069HA02	萝卜
4B069	4B069HA03	马铃薯
4B069	4B069HA04	马铃薯

（续表）

小类	小组	中文含义
4B069	4B069HA05	甘薯
4B069	4B069HA06	胡萝卜或牛蒡
4B069	4B069HA07	茄子、番茄和黄瓜
4B069	4B069HA08	洋葱
4B069	4B069HA09	绿叶蔬菜
4B069	4B069HA10	竹笋
4B069	4B069HA1.	水果
4B069	4B069HA12	柿子
4B069	4B069HA13	香蕉
4B069	4B069HA04	柑橘类水果
4B069	4B069HA15	李子
4B069	4B069HA16	栗子
4B069	4B069HA17	蘑菇
4B069	4B069HA18	谷物或豆类
4B069	4B069HA19	野生植物药用植物或可食用鲜花
4B068	4B068C13B5	制糖工业
4B061	4B061BA01	蔬菜
4B061	4B061BA02	根菜类蔬菜（例如萝卜、胡萝卜）
4B061	4B061BA03	绿叶蔬菜（例如威尔士洋葱和卷心菜）
4B061	4B061BA04	水果蔬菜（例如番茄、西瓜）
4B061	4B061BA05	竹笋
4B061	4B061BA06	蘑菇
4B061	4B061BA08	土豆或者块茎
4B061	4B061BA09	咖啡或茶
4B061	4B061BA10	谷物或豆类
4B061	4B061BA11	水果
4B061	4B061BA12	柑橘类水果
4B061	4B061BA13	仁果的水果（例如苹果或梨）
4B061	4B061BA14	核果的水果（例如桃子和李子）
4B061	4B061BA15	带壳的水果与坚果（例如栗子和核桃）
4B061	4B061BA16	小水果（例如葡萄或覆盆子）

（续表）

小类	小组	中文含义
4B061	4B061BA17	热带水果（例如杧果、菠萝）
4B061	4B061CB01	削皮、脱皮或分离设备
4B061	4B061CB02	剥落机制
4B061	4B061CB03	取芯机制
4B061	4B061CB04	分离或分裂机制
4B061	4B061CB05	疏花疏果机制
4B061	4B061CB06	除袋机制
4B061	4B061CB07	疏枝疏叶机制
4B061	4B061CB08	加工水果或蔬菜
4B061	4B061CB09	脱苦
4B061	4B061CB10	后处理、热处理
4B061	4B061CB11	结构的细节
4B061	4B061CB12	减少叶片
4B061	4B061CB13	旋转叶片
4B061	4B061CB14	滑动机制
4B047	4B047LF01	蔬菜产品（泡菜）
4B047	4B047LF02	谷物产品
4B047	4B047LF03	豆制品
4B047	4B047LF04	肉制品（香肠）
4B047	4B047LF05	乳制品
4B047	4B047LF06	油脂产品（黄油）
4B047	4B047LF07	饮料
4B047	4B047LF08	汤和酱汁
4B047	4B047LF09	糖果
4B047	4B047LG11	植物油
4B047	4B047LG12	精油（本质）
4B047	4B047LG37	来自植物
4B047	4B047LG38	水果
4B047	4B047LG39	蔬菜
4B047	4B047LG40	豆类、坚果
4B047	4B047LG41	谷物

（续表）

小类	小组	中文含义
4B047	4B047LG42	海藻
4B047	4B047LG43	香料
4B047	4B047LG44	胡椒
4B047	4B047LG45	姜
4B047	4B047LG46	大蒜
4B047	4B047LG47	红辣椒
4B047	4B047LG48	芥末酱
4B047	4B047LG49	芥末
4B047	4B047LG50	来自动物
4B047	4B047LG51	牛奶
4B047	4B047LG52	鸡蛋
4B047	4B047LG53	蛋黄
4B047	4B047LG54	来自鱼
4B047	4B047LG55	干发酵鱼，水煮鱼干
4B047	4B047LG56	来源于微生物（小球藻）
4B047	4B047LG57	酶
4B047	4B047LG58	动物和植物材料由酶处理
4B047	4B047LG59	发酵产品
4B047	4B047LG60	酱油
4B047	4B047LG61	味噌
4B047	4B047LG62	醋
4B047	4B047LG63	酒精饮料
4B047	4B047LG64	综合调味料
4B047	4B047LG65	汤、肉汤、酱
4B047	4B047LG66	蛋黄酱、沙拉酱、番茄酱
4C002	4C002AA00	芳香物质的形式
4C002	4C002KK04	使用多个芳香物质
4C057	4C057AA05	来自天然产物
4C057	4C057AA06	来自蔬菜产品
4D043	4D043AA00	谷物作为对象
4D043	4D043AA01	大米

（续表）

小类	小组	中文含义
4D043	4D043AA02	稻谷
4D043	4D043AA03	糙米
4D043	4D043AA04	精白米
4D043	4D043AA05	小麦
4D043	4D043AA06	荞麦
4D043	4D043AA07	大豆
4D043	4D043AA08	花生
4H011	4H011AA00	微生物（例如细菌、真菌）
4H011	4H011AA01	杀菌剂和抑菌剂（例如农业和园艺用杀菌剂）
4H011	4H011AB00	针对植物
4H011	4H011AB01	除草剂
4H011	4H011AB02	水稻田除草剂
4H011	4H011AB03	生长调节
4H011	4H011AC00	昆虫或蜱
4H011	4H011AC01	杀虫剂
4H011	4H011AC02	用杀虫剂杀死蟑螂、蚊子或苍蝇
4H011	4H011AC03	木材害虫控制剂
4H011	4H011AC04	杀螨药
4H011	4H011AC05	服装杀虫剂
4H011	4H011AC06	针对昆虫和螨的驱虫剂
4H011	4H011AC07	昆虫和螨捕获代理（例如信息素制剂）
4H011	4H011AC08	卵和蛹
4H011	4H011AD00	针对海洋生物
4H011	4H011AD01.	海洋生物控制剂（例如海洋生物驱虫剂）
4H011	4H011AE00	针对动物
4H011	4H011AE01	杀死动物（例如老鼠、蛇或蛞蝓）
4H011	4H011AE02	动物驱避剂
4H011	4H011AE03	动物捕获
4H011	4H011AF01	未列项目的农用化学品
4H011	4H011DG06	调节化肥和土壤（例如植物营养成分）
4H011	4H011DH10	多糖（例如纤维素或淀粉）

（续表）

小类	小组	中文含义
4H011	4H011DH14	天然橡胶乳胶或弹性体
4H026	4H026AA00	土壤调节材料的组成部分
4H026	4H026CC02	有机土壤固化
4H059	4H059BC00	有机成分是天然的或不确定的结构
4H059	4H059BC12	来源于植物的物质
4H059	4H059BC13	植物油和脂肪
4H059	4H059BC14	植物脂肪
4H059	4H059BC15	大豆油
4H059	4H059BC16	米糠油
4H059	4H059BC17	蓖麻油
4H059	4H059BC19	植物蜡
4H059	4H059BC23	精制油或香水
4H059	4H059BC42	物质来源于动物
4H059	4H059BC44	物质来源于植物
4H061	4H061CC31	物质来源于动物
4H061	4H061CC34	残留的明胶提取
4H061	4H061CC36	家养动物
4H061	4H061CC41	物质来源于植物
4H061	4H061DD06	农用化学品
4H061	4H061DD11	植物生长调节剂
4H061	4H061DD12	植物激素或来源于植物的维生素
4H061	4H061DD14	土壤调节剂
4H061	4H061EE61	植物的物质来源于植物
4H061	4H061EE62	植物的物质来源于植物
4H061	4H061EE63	淀粉
4H061	4H061EE64	木材或草
4H061	4H061EE65	动物的物质
4H061	4H061HH11	改善土壤
4H061	4H061HH12	导致土壤聚合